Entrevistando ALLAN
KARDEC

SUELY CALDAS SCHUBERT

Entrevistando ALLAN
KARDEC

Copyright © 2004 *by*
FEDERAÇÃO ESPÍRITA BRASILEIRA – FEB

5ª edição – 1ª impressão – 2 mil exemplares – 1/2020

ISBN 978-85-9466-301-6

Todos os direitos reservados. Nenhuma parte desta publicação pode ser reproduzida, armazenada ou transmitida, total ou parcialmente, por quaisquer métodos ou processos, sem autorização do detentor do *copyright*.

FEDERAÇÃO ESPÍRITA BRASILEIRA – FEB
SGAN 603 - Conjunto F - Avenida L2 Norte
70830-106 – Brasília (DF) – Brasil
www.febeditora.com.br
editorial@febnet.org.br
+55 61 2101 6198

Pedidos de livros à FEB
Comercial
Tel.: (61) 2101 6155/6177 – comercial@febnet.org.br

Dados Internacionais de Catalogação na Publicação (CIP)
(Federação Espírita Brasileira – Biblioteca de Obras Raras)

S384e   Schubert, Suely Caldas, 1938–

         Entrevistando Allan Kardec / Suely Caldas Schubert – 5. ed. – 1. imp. – Brasília: FEB, 2020.

         167 p.; 21 cm

         Inclui bibliografia

         ISBN 978-85-9466-301-6

         1. Kardec, Allan, 1804–1869 – Entrevistas. 2. Espiritismo. I. Federação Espírita Brasileira. II. Título.

CDD 133.9
CDU 133.7
CDE 91.00.00

Sumário

Prece 9
Agradecimentos 10
Explicações necessárias 12

PRIMEIRA PARTE
DE RIVAIL A ALLAN KARDEC

O diálogo inesquecível 15
Kardec: A Missão 21

SEGUNDA PARTE
A ENTREVISTA

Bicentenário de nascimento de Allan Kardec 30
Espiritismo 32
Afeições 40
Aliança da Ciência e da Religião 41
Atualização do Espiritismo 44
Autoridade da Doutrina Espírita 47

Caridade 52
Consolador 55
Crianças 57
Deus 59
Deuses 62
Egoísmo e educação 64
Espiritismo e Evangelho 67
Espíritos protetores e familiares 71
Esquecimento do passado 73
Família 75
Fascinação 77
Fé 79
Felicidade 82
Genoma humano 85
Influência do Espiritismo 86
Inimigos 88
Jesus 90
Livre-arbítrio 93
Mediunidade 96
Médiuns 99
Missão dos Espíritos 105
Morte 107
Obsessão 111
Penas futuras 115
Perda de entes queridos 119
Perdão das ofensas 121
Perispírito 123
Progresso 126
Provas e expiações 131
Reencarnação 133

Reuniões mediúnicas 138
Sensações nos Espíritos 140
Sociedades espíritas 143
Suicídio 145
Superpopulação 149
Superstições 151
Teia cósmica 152
Trajetória do Espírito 155
Verdadeiros espíritas 157
Visão holística 159
Vivência espírita de Allan Kardec 161
Palavras finais 165

Bibliografia 166

Prece

Senhor! Pois que te dignaste lançar os olhos sobre mim para cumprimento dos teus desígnios, faça-se a tua vontade! Está nas tuas mãos a minha vida; dispõe do teu servo. Reconheço a minha fraqueza diante de tão grande tarefa; a minha boa vontade não desfalecerá, as forças, porém, talvez me traiam. Supre à minha deficiência; dá-me as forças físicas e morais que me forem necessárias. Ampara-me nos momentos difíceis e, com o teu auxílio e dos teus celestes mensageiros, tudo envidarei para corresponder aos teus desígnios.

Prece de Allan Kardec ao ser cientificado de sua missão pelo Espírito Verdade.
(*Obras póstumas* – 2ª pt., p. 283).

Agradecimentos

Quero deixar registrado o meu agradecimento à querida amiga Consolação Muanis Moraes, digna trabalhadora da seara espírita, pela inestimável colaboração e que, como eu, se entusiasmou na busca dos textos de Kardec, sugerindo um ou outro que me passara despercebido e revisando os originais.

Agradeço, comovidamente, aos Benfeitores Espirituais que, no dia 23 de novembro de 2003, me inspiraram a compor este livro, trabalho que empreendi em menos de dois meses.

A presença desses Amigos da Vida Maior tornou-se constante durante esse período, seja indicando temas, seja ajudando nas perguntas mais adequadas, proporcionando-me a alegria incomensurável de me aproximar do pensamento de Allan Kardec.

Estou certa de que o Codificador, do Plano Superior onde se encontra, prossegue amparando e inspirando a todos os que porfiam na tarefa de divulgação da Doutrina Espírita e, sobretudo, na vivência dos seus postulados.

A *Allan Kardec* e a *Jesus*, o meu coração agradecido.

SUELY CALDAS SCHUBERT

Explicações necessárias

Ao percorrer as páginas deste livro, você estará fazendo conosco uma viagem no tempo, quando nos colocamos, mentalmente, diante do excelso Espírito ALLAN KARDEC, mantendo com ele uma entrevista comovente e inesquecível.

O que você vai ler em seguida é o pensamento do Codificador do Espiritismo, esparso em toda a obra por ele assinada, da qual pinçamos os itens cuja menção se nos afigurou imprescindível. Não foi nada fácil essa seleção. Em nossa opinião, todos os textos, declaradamente de sua autoria, mereceriam ser destacados. Das páginas da Codificação, o pensamento do mestre lionês ressalta, sempre extremamente lúcido e enriquecedor, mas que, pela simples visão do conjunto, nem sempre é possível ao leitor ter uma ideia mais nítida do quanto ele brilha, instrui, edifica. É o que pretendemos evidenciar com esta obra.

Assim, estamos prestando uma singela homenagem ao missionário da Terceira Revelação. Temos a certeza de que expressamos aqui o desejo de todos os espíritas, porque, na verdade, quem de nós não gostaria de estar ouvindo e agradecendo pessoalmente a ALLAN KARDEC, se isto nos fosse concedido?

Você, amigo leitor, amiga leitora, talvez fizesse outra seleção, pois cada um tem suas preferências; creio, entretanto, que esta reflete bem a magnífica contribuição do coautor da Doutrina Espírita.

Aproveite bem, prezado(a) leitor(a) a nossa entrevista com o Codificador do Espiritismo.

O tempo é hoje. A viagem é agora. Seja feliz!

SUELY CALDAS SCHUBERT
Juiz de Fora (MG), janeiro de 2004.

Primeira Parte

de

RIVAIL

a

ALLAN KARDEC

O diálogo inesquecível

1º de janeiro de 1867!

No silêncio de seu gabinete, Allan Kardec reflete. Faz, mentalmente, um retrospecto dos últimos dez anos. Recorda-se que na noite de 12 de junho de 1856, em casa do Sr. C..., o Espírito Verdade desvendara, para ele, a sua missão. Dois dias antes, em casa do Sr. Roustan entretivera um diálogo com o Espírito Hahnemann a respeito de *O livro dos espíritos*, em fase de elaboração. Allan Kardec pensou em pedir a um tal Sr. B... que o ajudasse como médium. Assim solicitara a Hahnemann que opinasse a respeito. Este o aconselha a não fazê-lo, prevenindo-o de possíveis problemas, já que o Espírito que assiste o médium dá mostras de ser arrogante e orgulhoso. A previsão fora acertada, pois B..., mais tarde, se envolveu com interesses materiais através da mediunidade, tendo colhido decepções e mistificações.

Passados dois dias, o Prof. Rivail confabulava com o seu elevado Guia Espiritual. Questionara-o acerca da missão que lhe estava sendo atribuída por outras

Entidades amigas. Argumentara que não possuía talento e qualidades para desempenhá-la; alegara que, embora desejasse contribuir para a propagação da verdade, sentia-se apenas no "papel de simples trabalhador" e que daí para o de "missionário em chefe, a distância é grande". Diante disso pedira ao Espírito Verdade que o esclarecesse.

O diálogo que se estabelece em seguida é realmente notável.

Advertido pela excelsa Entidade, fica ciente de que, embora nele repousem as expectativas do Plano Maior para a consecução do advento da Terceira Revelação, também não desconsideram a hipótese de surgirem falhas. Que ele – Prof. Rivail – poderia triunfar ou falir. E neste último caso, outro o substituiria "porquanto os desígnios de Deus não assentam na cabeça de um só homem."

E acrescentava:

Nunca, pois, fales da tua missão; seria a maneira de a fazeres malograr-se. Ela somente pode justificar-se pela obra realizada e tu ainda nada fizeste. Se a cumprires, os homens saberão reconhecê-lo, cedo ou tarde, visto que pelos frutos é que se verifica a qualidade da árvore.

Allan Kardec prossegue em suas reflexões. Sim, fora severamente advertido quanto aos percalços do ministério a que fora convidado. Sabia – e teve isto em mente ao longo desses últimos dez anos – que se falhasse outro viria substituí-lo, mas a sua determinação e, sobretudo, a chama do ideal maior que aquecia o seu íntimo o sustentaram, a par da confiança inabalável nos benfeitores espirituais, levando-o a dar cumprimento ao Programa Superior. Bem lhe informara o Espírito Verdade que a "missão dos reformadores é prenhe de escolhos e perigos". Fora cientificado, naquele momento, de que não bastaria "publicar um livro, dois livros, dez livros, para em seguida ficares tranquilo em casa". Havia mais, muito mais: "Tens que expor a tua pessoa"; "[...] é rude a tua (missão), porquanto se trata de abalar e transformar o mundo inteiro." E em sequência foram sendo enfileiradas as lutas que adviriam: ódios terríveis, inimigos encarniçados, malevolência, calúnia, traições – até dos mais chegados – fadiga, sacrifícios e por fim: "terás de sustentar uma luta quase contínua, com sacrifício de teu repouso, da tua tranquilidade, da tua saúde e até da tua vida, pois, sem isso, viverias muito mais tempo".

Ali estava ele, agora, fazendo um balanço de toda uma década de intensíssimo labor. Ainda podia sentir a emoção daquele primeiro instante, quando realmente se conscientizara de sua missão. Seu primeiro impulso, já cônscio de sua imensa responsabilidade, fora, então, o de orar. E a prece que profere é um eloquente atestado de submissão à vontade de Deus, de humildade e de fidelidade no cumprimento dos desígnios divinos.

Quanta coisa acontecera desde a noite do inesquecível diálogo!

Ensimesmado em suas lembranças, faz uma análise detalhada, consultando as anotações que preparara no transcurso dos anos. Ali está, em suas mãos, o manuscrito das previsões concernentes ao Espiritismo, que cuidadosamente vem redigindo. Relê atentamente a comunicação do Espírito Verdade, da memorável reunião de 12 de junho de 1856.

Sim, tudo fora previsto. Mas, reconhece, comovido, que tivera gratas e felizes surpresas. Vira, com satisfação, "a obra crescer de maneira prodigiosa"; o que dizer das "bênçãos e provas de real simpatia" que recebera por "parte de muitos aflitos a quem a Doutrina consolou? Kardec diz para consigo mesmo:

Este resultado não mo anunciou o Espírito Verdade que, sem dúvida intencionalmente, apenas me mostrara as dificuldades do caminho. Qual não seria, pois, a minha ingratidão, se me queixasse! Se dissesse que há uma compensação entre o bem e o mal, não estaria com a verdade, porquanto o bem, refiro-me às satisfações morais, sobrelevaram de muito o mal. Quando me sobrevinha uma decepção, uma contrariedade qualquer, eu me elevava pelo pensamento acima da Humanidade e me colocava antecipadamente na região dos Espíritos e desse ponto culminante, donde divisava o da minha chegada, as misérias da vida deslizavam por sobre mim sem me atingirem. Tão habitual se me tornou esse modo de proceder, que os gritos dos maus jamais me perturbaram.

Kardec, enlevado pelas lembranças e pelo excepcional resultado do balanço da década, que a passagem do ano lhe enseja, resolve apor uma nota em seguida à prece que anteriormente registrara. O missionário lionês continua agora, com suave emoção, a redigir o seu precioso manuscrito.

*

O livro *Obras póstumas,* cujo centenário de lançamento foi comemorado no ano de 1990, transcreve o manuscrito do mestre Allan Kardec.

Convidamos ao leitor e à leitora que consultem a obra referida para que possam observar o diálogo entre o Espírito Verdade e o Prof. Rivail, quando este o questiona acerca da sua missão, tendo recebido a confirmação em forma de advertência.

Essa advertência, como de resto todo esse diálogo, é a mais cabal prova da legitimidade da missão de Allan Kardec, não bastassem outras. Não há, por parte do professor lionês, o mais leve ressaibo de presunção ou jactância, como também inexiste por parte do elevadíssimo Guia espiritual qualquer laivo de elogio ou deferência em relação ao missionário encarnado. Ao contrário: o diálogo é grave e austero, quase severo, bem de acordo com a gravidade e a importância da missão.

É possível notar o elevado teor da mensagem, que transcende às mensagens de outros Espíritos Superiores, pois tem o cunho de uma **revelação**. Todas as comunicações do Espírito Verdade têm o mesmo tom de grandeza e sublimidade.

Aqueles que – inimigos do Espiritismo –, argumentam, hoje em dia, ter Kardec se investido da postura de chefe ou fundador da Doutrina Espírita, acrescentando ter ele a pretensão de denominá-la – *o Consolador prometido por Jesus,* não lhe reconhecendo condições e qualidades, irão encontrar no referido diálogo as necessárias respostas e esclarecimentos, desde que se disponham, com isenção de ânimo, à pesquisa séria.

O próprio fato de haver alguém para substituí-lo, caso falisse na tarefa, demonstra a grandiosidade do programa espiritual, que estaria acima das injunções puramente humanas. A época era aquela mesma, e no instante azado o Prof. Rivail é convocado.

Um espírito que não tivesse a têmpera de Allan Kardec talvez hesitasse logo de início ou talvez não suportasse, mais tarde, o peso da responsabilidade. E o fato de saber que a obra não ficaria comprometida, caso falhasse, talvez pudesse até mesmo servir de desculpa para alguém, menos decidido e responsável que o mestre de Lyon.

Mas, este se dispõe, de corpo e alma, a realizar a missão confiada com a determinação e ânimo de quem sabe o trabalho a fazer.

A coerência e o encadeamento de todos os fatos que constituem a base da Doutrina Espírita atestam a sua legitimidade como o Consolador prometido por Jesus.

Especialmente, queremos ressaltar a figura exponencial de Allan Kardec, que soube colocar-se à altura da magna responsabilidade de ser, no plano físico, o representante da Falange do Consolador, que teve e tem a presidi-la o próprio Cristo.

Kardec: A Missão

As grandes missões só aos homens de escol são confiadas e Deus mesmo os coloca, sem que eles o procurem, no meio e na posição em que possam prestar concurso eficaz.
O ESPÍRITO DE VERDADE (LM c XXXI it. XV).

As palavras do Espírito de Verdade, embora proferidas no sentido geral, podem ser aqui entendidas como dirigidas ao próprio Allan Kardec, tão bem ele se insere nesse contexto mencionado, por ser um dos integrantes da falange do Consolador.

A promessa feita por Jesus há dois mil anos se cumpre, e de tal maneira, que a sincronicidade[1] de eventos e os pontos convergentes são deveras impressionantes, denotando a perfeição de um programa presidido pelo próprio Cristo.

---

[1] Sincrocidade – Termo criado por Jung, que exprime uma coincidência significativa ou uma correspondência, que pode ser entre ideias análogas ou idênticas, que ocorrem em lugares diferentes, no espaço e no tempo. *Memórias, sonhos e reflexões* – Aniela Jaffé – ed. Nova Fronteira.

Façamos uma digressão em nossas reflexões.

No Evangelho de João, encontramos:

*Conhecereis **a verdade**, e **a verdade** vos libertará* (João, 8:32).

*Eu sou o caminho, **a verdade** e a vida. Ninguém vem ao Pai senão por mim* (João, 14:6).

Se me amardes, guardareis os meus mandamentos.

E eu rogarei ao Pai, e ele vos dará outro Consolador, para que fique convosco para sempre.

*O Espírito de **verdade** que o mundo não pode receber, porque não o vê nem o conhece: mas vós o conheceis porque habita convosco, e estará em vós* (João, 14:15 a 17).

Não vos deixarei órfãos; voltarei para vós (João, 14:18).

Mas aquele Consolador, o Espírito Santo, que o Pai enviará em meu nome, esse vos ensinará todas as coisas, e vos fará lembrar de tudo quanto vos tenho dito (João, 14:26).

Logo nos primeiros contatos do Prof. Rivail com o fenômeno das mesas girantes, este percebeu haver ali algo muito mais sério do que simples entretenimento. Com sua presença modificou-se o ambiente, sendo Zéfiro o primeiro Espírito a identificar-se, e em simultâneo, Espíritos de maior elevação se fizeram presentes, expressando-se, a partir daí, os pródromos do Consolador. Um pouco mais adiante, o Prof. Rivail teria o seu primeiro diálogo com aquele que inicialmente ele denominou de Espírito familiar, conforme registra nos seus manuscritos. Observemos as anotações:

— *Meu Espírito familiar, quem quer que tu sejas, agradeço-te o me teres vindo visitar. Consentirás em dizer-me quem és?*

— *Para ti, chamar-me-ei* **A Verdade** *e todos os meses, aqui, durante um quarto de hora, estarei à tua disposição* (*OP* p. 274).

O momento é grandioso, embora o Prof. Rivail, como é natural, não o percebesse de imediato. A revelação se achava em curso e nada mais poderia detê-la. **O Espírito de Verdade abre o painel do infinito e inaugura a era da razão.**

É importante enfatizar, que não foi o Codificador que inferiu estar ali a realização da promessa do Cristo e, sim, partiram do próprio plano espiritual as afirmativas e revelações quanto a isto. Há, portanto, uma perfeita sincronia com os textos do Evangelho de João desde o instante em que, no diálogo, o Espírito identifica-se como **A Verdade**.

Ao relatar esses momentos sublimes, Kardec assim se expressa quanto ao seu elevado Guia Espiritual e à proteção que dele recebeu:

A proteção desse Espírito, cuja superioridade eu estava longe de imaginar, jamais, de fato, me faltou. A sua solicitude e a dos bons Espíritos que agiam sob suas ordens, se manifestou em todas as circunstâncias da minha vida, quer a me remover dificuldades materiais, quer a me facilitar a execução dos meus trabalhos, quer, enfim, a me preservar dos efeitos da malignidade dos meus antagonistas, que foram sempre reduzidos à impotência. Se as tribulações inerentes à missão que me cumpria desempenhar não me puderam ser evitadas, foram sempre suavizadas e largamente compensadas por muitas satisfações morais gratíssimas (OP p. 276).

É preciso ressaltar que as médiuns da Codificação eram muito jovens, adolescentes, o que também revela os cuidados da programação espiritual, pois estas, não tendo quase nenhuma experiência de vida e, mesmo, pouco acesso ao estudo como era comum à época, não teriam condições de forjar o que quer que fosse, ainda mais com tal envergadura, assegurando assim a autenticidade das mensagens. Por outro lado, eram médiuns mecânicos, exerciam a psicografia mecânica, com alto grau de inconsciência – transe profundo –, o que era imprescindível para a missão que deveriam desempenhar. É oportuno citarmos aqui o que Kardec fala a respeito dessa faculdade em *O livro dos médiuns*:

Quando atua diretamente sobre a mão, o Espírito lhe dá uma impulsão de todo independente da vontade deste último (o médium). Ela se move sem interrupção e sem embargo do médium, enquanto o Espírito tem alguma coisa que dizer, e para, assim ele acaba. Nesta circunstância, o que caracteriza o fenômeno é que o médium não tem a menor consciência do que escreve. Quando se dá, no caso, a inconsciência absoluta, têm-se os médiuns chamados passivos *ou* mecânicos. *É preciosa esta faculdade, por não permitir dúvida alguma sobre a independência do pensamento daquele que escreve* (Cap. XV it. 179).

Tudo isto atesta a perfeita coerência dessa notável e singular programação espiritual.

Vejamos agora o texto que está em *Mateus*, 10:1 a 16. Este é o momento em que Jesus vai delegar aos doze discípulos a responsabilidade de pregar o Reino dos Céus, como também curar os enfermos e expulsar os demônios. No versículo 1, Mateus registra que Jesus, *Chamando os seus doze discípulos, deu-lhes poder sobre os espíritos impuros, para os expulsarem, e para curarem toda a enfermidade e todo o mal.*

Em sequência, no versículo 6, Jesus diz aos doze: *Mas ide antes às ovelhas perdidas da casa de Israel.*

Observemos agora, com atenção, a mensagem inserta em *O livro dos médiuns*, cap. XXXI, it. 9. Na minha opinião esta é a mais bela e reveladora mensagem da Codificação e tem a assinatura de Jesus de Nazaré, conforme esclarece a nota de Allan Kardec. Atestando a sua autenticidade o Codificador a insere, com pequenas supressões, em *O evangelho segundo o espiritismo*, cap. VI, it. 5, registrando-a como sendo o seu autor o Espírito de Verdade.

Analisemos o seu parágrafo inicial:

Venho, como outrora aos transviados filhos de Israel, trazer-vos a verdade e dissipar as trevas. Escutai--me. O Espiritismo, como o fez antigamente a minha palavra, tem de lembrar aos incrédulos que acima deles reina a imutável verdade: o Deus bom, o Deus grande, que faz germinem as plantas e se levantem as ondas. Revelei a doutrina divinal. Como um ceifeiro, reuni em feixes o bem esparso no seio da Humanidade e disse: Vinde a mim, todos vós que sofreis.

O texto acima, que abre a mensagem, é por demais revelador e nele vemos o Mestre retomando o mesmo tema que está em Mateus cap. 10 vers. 6, referindo-se à casa de Israel. Em sequência menciona que veio trazer **a verdade**, e dissipar as trevas da ignorância. Pede que o escutem e revela que o Espiritismo veio lembrar o que ele havia ensinado, a **imutável verdade** ressaltando o tema magno: **Deus**; que continua sendo compreendido pela maioria das criaturas como ao tempo da lei mosaica, pelo que Ele reafirma: **o Deus bom, o Deus grande** – observemos que Kardec abre *O livro dos espíritos* exatamente com o tema Deus. Em seguida confirma que revelou, quando aqui na Terra, a doutrina divinal, ou seja, sob a égide do Pai Celeste. A frase que encerra o parágrafo que estamos analisando resume toda essa confirmação de autenticidade: **Como um ceifeiro, reuni em feixes o bem esparso no seio da Humanidade e disse: Vinde a mim, todos vós que sofreis**. Esse ponto refere-se ao supremo convite feito por Jesus: *Vinde a mim, todos vós que estais aflitos e sobrecarregados, que eu vos aliviarei* (Mt. 11:28).

Desejamos ressaltar com estas reflexões, dois pontos fundamentais: primeiro, a perfeita consonância entre os ensinamentos de Jesus e a Terceira Revelação; segundo, a extraordinária sintonia e vivência de Allan Kardec, como legítimo missionário do Cristo.

Atentemos para o fato de que o Prof. Rivail, ao se defrontar com as mesas girantes, ao perceber o seu significado e importância, dá início a uma fantástica pesquisa, investigando todos os aspectos que resultavam de tudo aquilo. E nessa pesquisa empenha, então, a sua vida, mesmo em sacrifício de seu labor profissional, da sua saúde, da sua tranquilidade.

Kardec não foi médium no sentido estrito da palavra, mas trazia a intuição desenvolvida em alto grau, associada a uma sintonia constante com a esfera do Cristo.

Possuía vasta cultura e esmerada educação. Sua mente científica era aberta, sem preconceitos, sem dogmas.

Sua personalidade expressava ricamente as conquistas do seu valoroso e nobre Espírito, no qual pontificam a coragem, a vontade firme, a determinação, a honestidade de propósitos e, também, a bondade e a humildade. Valores estes que foram sendo estruturados em anteriores reencarnações, desde os tempos dos druidas até Jan Huss, em 1415, quando preferiu a morte na fogueira a abdicar de suas crenças e ideais. Este o Espírito que Jesus convoca para concretizar no plano terreno a promessa do Consolador.

O trabalho de Allan Kardec não foi somente o de codificar os ensinos dos Espíritos; é preciso enfatizar a sua condição de autor, ou coautor, da Codificação Espírita. A elaboração do Espiritismo expressa o pensamento de Kardec e da Falange do Espírito de Verdade, pois sabemos que Espíritos Superiores têm uma sintonia e interação tão perfeitas que podem falar uns pelos outros.

Assim, no momento em que iniciam as pesquisas, com rigor e método científico, partindo dos fatos para elaborar a teoria, o Prof. Rivail caminha ao encontro de todo o seu rico acervo de vivências pretéritas edificantes, do qual extrai igualmente as suas concepções filosóficas tanto quanto de uma religiosidade fundamentada na razão.

SUELY CALDAS SCHUBERT

Segunda Parte

A
ENTREVISTA

Bicentenário de nascimento de Allan Kardec

Senhor Allan Kardec, primeiramente apraz-nos dizer que é uma honra entrevistá-lo e, ao fazê-lo, estamos rendendo- -lhe a nossa sincera e respeitosa homenagem, no ano em que os espíritas de todo o mundo comemoram o bicentenário de seu retorno à Terra. É um privilégio assinalar e ressaltar as suas palavras, os seus ensinamentos que tanto enriquecem a Codificação e que, por isso mesmo, torna-se imprescindível destacá-los e divulgá-los, a fim de que todos o conheçam mais de perto, visto ser o senhor um dos que integram a falange do Espírito Verdade e o missionário da Terceira Revelação. Assim, inicialmente, pergunto-lhe: o que o senhor poderia nos dizer quanto ao momento em que divisou o alcance e a magnitude da sua missão?

"Tirando-me da obscuridade, o Espiritismo me lançou num novo rumo; em pouco tempo, vi-me arrastado por um movimento que me achava longe de prever. Quando concebi a ideia de *O livro dos espíritos*, era minha intenção não me pôr de modo algum em evidência e permanecer desconhecido; mas, para logo ultrapassados os limites que eu imaginara, isso não me foi possível; tive de renunciar ao meu gosto pelo insulamento, sob pena de abdicar da obra empreendida e que crescia de dia para dia; foi-me preciso ceder à impulsão e tomar-lhe as rédeas. À proporção que ela se desenvolvia, mais vasto horizonte se desdobrava diante de mim e lhe distanciava os lindes. Compreendi então a imensidade da minha tarefa e a importância do trabalho que me restava fazer para completá-la. As dificuldades e os obstáculos, longe de me atemorizarem, redobraram as minhas energias. Divisei o fim objetivado e resolvi atingi-lo, com a assistência dos bons Espíritos. Sentia que não tinha tempo a perder e não perdi, nem em visitas inúteis, nem em cerimônias estéreis. Foi a obra de minha vida. Dei-lhe todo o meu tempo, sacrifiquei-lhe o meu repouso, a minha saúde, porque diante de mim o futuro estava escrito em letras irrecusáveis." (*OP* p. 376 – 2ª pt.).

Espiritismo

*D*ecorridos 147 anos do lançamento de O livro dos espíritos[1] e levando-se em conta o progresso da Ciência nos tempos atuais, não seria mais acertado e oportuno que os fenômenos espíritas passassem a ser investigados nos laboratórios científicos com toda a tecnologia moderna?

"O Espiritismo é o resultado de uma convicção pessoal, que os sábios, como indivíduos, podem adquirir, abstração feita da qualidade de sábios. Pretender deferir a questão à Ciência equivaleria a querer que a existência ou não da alma fosse decidida por uma assembleia de físicos ou de astrônomos. Com efeito, o Espiritismo está todo na existência da alma e no seu estado depois da morte. Ora, é soberanamente ilógico imaginar-se que um homem deva ser grande psicologista, porque é eminente matemático ou notável anatomista. Dissecando o corpo humano, o anatomista procura a alma e, porque não a encontra, debaixo do seu escalpelo,

---

1 N.E.: Em abril de 2019, a obra completou 162 anos de sua primeira publicação.

como encontra um nervo, ou porque não a vê evolar-se como um gás, conclui que ela não existe, colocado num ponto de vista exclusivamente material. Segue-se que tenha razão contra a opinião universal? Não. Vedes, portanto, que o Espiritismo não é da alçada da Ciência." (*LE* Introd. VII).

O que se observa, nos dias atuais, é ainda a mesma ideia de que a força do Espiritismo resulta das manifestações mediúnicas, visto que estas são atrativas. Mesmo entre os espíritas estão aqueles que dão muita ênfase às práticas mediúnicas no intuito de atrair uma frequência maior para suas Casas Espíritas. O que o senhor diz a respeito?

"Falsíssima ideia formaria do Espiritismo quem julgasse que a sua força lhe vem da prática das manifestações materiais e que, portanto, obstando-se a tais manifestações, se lhe terá minado a base. Sua força está na sua filosofia, no apelo que dirige à razão, ao bom senso. Na antiguidade, era objeto de estudos misteriosos, que cuidadosamente se ocultavam do vulgo. Hoje, para ninguém tem segredos. Fala uma linguagem clara, sem ambiguidades. Nada há nele de místico, nada de alegorias suscetíveis de falsas interpretações. Quer ser por todos compreendido, porque são chegados os tempos de fazer-se que os homens conheçam a verdade. Longe de se opor à difusão da luz, deseja-a para todo o mundo. Não reclama crença cega; quer que o homem saiba porque crê. Apoiando-se na razão, será sempre mais forte do que os que se apoiam no nada." (*LE* Concl. 6).

A que o senhor atribui a rápida expansão das ideias espíritas?

"O Espiritismo não tem nacionalidade e não parte de nenhum culto existente; nenhuma classe social o impõe, visto que qualquer pessoa pode receber instruções de seus parentes e amigos de Além-Túmulo. Cumpre seja assim, para que ele possa conduzir todos os homens à fraternidade. Se não se mantivesse em terreno neutro, alimentaria as dissensões, em vez de apaziguá-las. Nessa universalidade do ensino dos Espíritos reside a força do Espiritismo e, também, a causa de sua rápida propagação.[...] Se o Espiritismo, portanto, é uma verdade, não teme o malquerer dos homens, nem as revoluções morais, nem as subversões físicas do globo, porque nada disso pode atingir os Espíritos." (*ESE* Introd. II).

A revelação dos ensinamentos do Espiritismo veio por seu intermédio?

"A lei do Antigo Testamento teve em Moisés a sua personificação; a do Novo Testamento tem-na no Cristo. O Espiritismo é a Terceira Revelação da Lei de Deus, mas não tem a personificá-la nenhuma individualidade, porque é fruto do ensino dado, não por um homem, sim pelos Espíritos, que são *as vozes do Céu*, em todos os pontos da Terra, com o concurso de uma multidão inumerável de intermediários. É, de certa maneira, um ser coletivo, formado pelos conjunto dos seres do mundo espiritual, cada um dos quais traz o tributo de suas luzes aos homens, para lhes tornar conhecido esse mundo e a sorte que os espera" (*ESE* cap. I it. 6).

É sabido que tudo o que é considerado sobrenatural, fantástico desperta a atenção das criaturas. O Espiritismo ressalta essas questões?

"O Espiritismo é a ciência nova que vem revelar aos homens, por meio de provas irrecusáveis, a existência e a natureza do mundo espiritual e as suas relações com o mundo corpóreo. Ele no-lo mostra, não mais como uma coisa sobrenatural, porém, ao contrário, como uma das forças vivas e sem cessar atuantes da Natureza, como a fonte de uma imensidade de fenômenos até hoje incompreendidos e, por isso, relegados para o domínio do fantástico e do maravilhoso. É a essas relações que o Cristo alude em muitas circunstâncias e daí vem que muito do que Ele disse permaneceu ininteligível ou falsamente interpretado. O Espiritismo é a chave com o auxílio da qual tudo se explica de modo fácil." (*ESE* c. I it. 5).

A Doutrina Espírita esclarece acerca do mundo espiritual e da vida futura. Como foi possível chegar a essas conclusões? São fruto de pesquisas que o senhor desenvolveu?

"A Doutrina Espírita transforma completamente a perspectiva do futuro. A vida futura deixa de ser uma hipótese para ser realidade. O estado das almas depois da morte não é mais um sistema, porém o resultado da observação. Ergueu-se o véu; o mundo espiritual aparece-nos na plenitude de sua realidade prática; não foram os homens que o descobriram pelo esforço de uma concepção engenhosa, são os próprios habitantes deste mundo que nos vêm descrever a sua situação. [...] Eis aí porque os espíritas encaram a morte calmamente e se revestem de serenidade nos seus últimos momentos sobre a Terra. Já não é só a esperança, mas a certeza que os conforta; sabem que a vida futura é a continuação da vida terrena em melhores condições e aguardam-na com a mesma confiança com que aguardariam o despontar do Sol, após uma noite de tempestade. Os motivos dessa confiança decorrem, outrossim, dos fatos testemunhados e da concordância desses fatos com a lógica, com a justiça e bondade de Deus, correspondendo às íntimas aspirações da Humanidade." (*CI* c. 2 it. 10).

Ao esclarecer as questões da vida espiritual, de certa maneira o Espiritismo não estaria enfraquecendo as crenças religiosas?

"Muito ao contrário, porquanto os incrédulos encontram aí a fé e os tíbios a renovação do fervor e da confiança.

O Espiritismo é, pois, o mais potente auxiliar da religião. Se ele aí está, é porque Deus o permite e o permite para que as nossas vacilantes esperanças se revigorem e para que sejamos reconduzidos à senda de bem pela perspectiva do futuro." (*LE* q.148).

Seriam os milagres realizados por Jesus a base da Doutrina Espírita ou ela tem outros fundamentos?

"O Espiritismo considera de um ponto mais elevado a religião cristã; dá-lhe base mais sólida que a dos milagres: as imutáveis Leis de Deus, a que obedecem assim o princípio espiritual, como o princípio material. Essa base desafia o tempo e a Ciência, pois que o tempo e a Ciência virão sancioná-la." (*G* c. 13 it.18).

Diante dos sofrimentos e enfermidades, a maioria das pessoas acredita que a finalidade precípua do Espiritismo seria a cura dos males físicos. Isto é correto?

"O Espiritismo, pelo bem que faz é que prova a sua missão providencial. Ele cura os males físicos, mas cura, sobretudo, as doenças morais e são esses maiores prodígios que lhe atestam a procedência. Seus mais sinceros adeptos não são os que se sentem tocados pela observação de fenômenos extraordinários, mas os que dele recebem a consolação para suas almas; os a quem liberta das torturas da dúvida; aqueles a quem levantou o ânimo na aflição; que hauriram forças na certeza, que lhes trouxe, acerca do futuro, no conhecimento do seu ser espiritual e de seus destinos. Esses, os de fé inabalável, porque sentem e compreendem." (*G* c.15 it.28).

Pode-se considerar o Espiritismo como uma ciência?

"O Espiritismo não é uma concepção individual, um produto da imaginação; não é uma teoria, um sistema inventado para a necessidade de uma causa; tem sua fonte nos fatos da Natureza, em fatos positivos, que se produzem a cada instante sob os nossos olhos, mas cuja origem não se suspeitava. É, pois, resultado da observação; numa palavra, uma ciência: a ciência das relações entre o mundo visível e o mundo invisível.[...]" (*RE* nov. 1864).

Por que certos homens rejeitam, no primeiro instante, as ideias novas, mesmo quando estas são comprovadas e lógicas, conforme ocorre com o Espiritismo?

"O Espiritismo vem mostrar uma nova lei, uma força da Natureza: a que reside na ação do Espírito sobre a matéria, lei tão universal quanto a da gravitação e da eletricidade, conquanto ainda desconhecida e negada por certas pessoas, como o foram todas as outras leis na época de suas descobertas. É que os homens geralmente têm dificuldade em renunciar às suas ideias preconcebidas e, por amor-próprio, custa-lhes reconhecer que estavam enganados, ou que outros tenham podido encontrar o que eles mesmos não encontraram." (*RE* nov.1864).

Diante da massificação exercida pelos meios de comunicação, de maneira geral, como o Espiritismo fará valer a força de suas ideias, de sua ação transformadora que visa um mundo melhor?

"O Espiritismo tomou o homem em meio da vida, no fogo das paixões, em plena força dos preconceitos e se, em tais circunstâncias, operou prodígios, que não será quando o tomar ao nascer, ainda virgem de todas as impressões malsãs; quando a criatura sugar com o leite a caridade e tiver a fraternidade a embalá-lo; quando, enfim, toda uma geração for educada e alimentada com ideias que a razão, desenvolvendo-se, fortalecerá, em vez de falsear? Sob o domínio dessas ideias a cimentarem a fé comum a todos, não mais esbarrando o progresso no egoísmo e no orgulho, as instituições se reformarão por si mesmas e a Humanidade avançará rapidamente para os destinos que lhe estão prometidos na Terra, aguardando os do céu." (*OP* p. 232).

Afeições

Ao se libertarem da veste física, os Espíritos dos nossos entes queridos prosseguem mantendo conosco os mesmos laços afetivos?

"Desde que se admita a sobrevivência da alma ou do Espírito, é racional que as suas afeições continuem; sem o que, as almas dos nossos parentes e amigos seriam, pela morte, totalmente perdidas para nós.
Pois que os Espíritos podem ir a toda parte, é igualmente racional admitir-se que aqueles que nos amaram, durante a vida terrena, ainda nos amem depois da morte, que venham para junto de nós e se sirvam, para isso, dos meios que encontrem à sua disposição; é o que confirma a experiência.
A experiência, de fato, prova que os Espíritos conservam as afeições sérias que tinham na Terra, que folgam em se juntarem àqueles a quem amaram, sobretudo quando são por estes atraídos pelos sentimentos afetuosos que lhes dedicam; ao passo que se mostram indiferentes para com quem só lhes vota indiferença." (*QEE* p. 156).

Aliança da Ciência e da Religião

*E*mbora *tenham ocorrido, nos últimos anos, tentativas de aproximação entre a Ciência e a Religião, graças, especialmente, às iniciativas exitosas de físicos – como Fritjof Capra, por exemplo, que evidenciou a proximidade entre pontos básicos das religiões orientais com certos paradigmas científicos – e de outros pesquisadores de renome, ainda permanece a ideia de que a Ciência e a Religião são incompatíveis. Esta diferença, na sua opinião, tende a desaparecer?*

"A Ciência e a Religião são as duas alavancas da inteligência humana: uma revela as leis do mundo material e a outra as do mundo moral. *Tendo, no entanto, essas leis o mesmo princípio, que é Deus, não podem contradizer-se.* Se fossem a negação uma da outra, uma necessariamente estaria em erro e a outra com a verdade, porquanto Deus não pode pretender a destruição de sua própria obra. A incompatibilidade que se julgou existir entre essas duas ordens de ideias provém apenas de uma observação defeituosa e de excesso de exclusivismo, de um lado e de outro. Daí um conflito que deu origem à incredulidade e à intolerância.

São chegados os tempos em que os ensinamentos do Cristo têm de ser completados; em que o véu intencionalmente lançado sobre algumas partes desse ensino tem de ser levantado; em que a Ciência deixando de ser exclusivamente materialista, tem de levar em conta o elemento espiritual e em que a Religião, deixando de ignorar as leis orgânicas e imutáveis da matéria, como duas forças que são, apoiando-se uma na outra e marchando combinadas, se prestarão mútuo concurso. Então, não mais desmentida pela Ciência, a religião adquirirá inabalável poder, porque estará de acordo com a razão, já se lhe não podendo mais opor a irresistível lógica dos fatos." (*ESE* c. I it. 8).

Mas, o que falta para que haja um entendimento entre a Ciência e a Religião?

"A Ciência e a Religião não puderam, até hoje, entender-se, porque, encarando cada uma as coisas do seu ponto de vista exclusivo, reciprocamente se repeliam. Faltava com que encher o vazio que as separava, um traço de união que as aproximasse. Esse traço de união está no conhecimento das leis que regem o Universo Espiritual e suas relações com o mundo corpóreo, leis tão imutáveis quanto as que regem o movimento dos astros e a existência dos seres. Uma vez comprovadas pela experiência essas relações, nova luz se fez: a fé dirigiu-se à razão;

esta nada encontrou de ilógico na fé: vencido foi o materialismo." (*ESE* c. I it. 8).

O Espiritismo veio preencher esta lacuna? Podemos considerá-lo como elo de ligação entre a Ciência e a Religião?

"Assim como a Ciência propriamente dita tem por objeto o estudo das leis do princípio material, o objeto especial do Espiritismo é o conhecimento das leis do princípio espiritual. Ora, como este último princípio é uma das forças da Natureza, a reagir incessantemente sobre o princípio material e reciprocamente, segue-se que o conhecimento de um não pode estar completo sem o conhecimento do outro. *O Espiritismo e a Ciência se completam reciprocamente;* a Ciência sem o Espiritismo, se acha na impossibilidade de explicar certos fenômenos só pelas leis da matéria; ao Espiritismo, sem a Ciência, faltariam apoio e comprovação. O estudo das leis da matéria tinha que preceder o da espiritualidade, porque a matéria é que primeiro fere os sentidos. Se o Espiritismo tivesse vindo antes das descobertas científicas, teria abortado, como tudo quanto surge antes do tempo." (*G* c. I it.16).

Atualização do Espiritismo

Mesmo entre os espíritas, alguns existem que defendem o ponto de vista que a Codificação deveria ser atualizada, o que implicaria em alterar vários de seus textos. A nosso ver isto é muito grave, abre um precedente perigoso, pois em pouco tempo, de atualização em atualização, ela estaria descaracterizada. Tal opinião, a nosso ver, reflete o desconhecimento da própria obra, pois o que se observa é que ela está adiante do tempo. Por outro lado, compreendemos que aquele que ama a Doutrina procura preservá-la, como um verdadeiro tesouro que necessitamos resguardar a qualquer custo. O que o senhor tem a dizer a respeito dessa ideia?

"Hoje, estão lançadas de forma inabalável as bases do Espiritismo; os livros escritos sem equívoco e postos ao alcance de todas as inteligências serão sempre a expressão clara e exata do ensino dos Espíritos e o transmitirão intacto aos que nos sucederem." (*OP* p. 253).

O século XXI se abre em meio a notáveis progressos científicos e tecnológicos, e pesquisas cada vez mais avançadas prosseguem, abrindo perspectivas ilimitadas. Como fica a Doutrina Espírita nesses confrontos?

"O Espiritismo, pois, não estabelece como princípio absoluto senão o que se acha evidentemente demonstrado, ou o que ressalta logicamente da observação. Entendendo com todos os ramos da economia social, aos quais dá o apoio das suas próprias descobertas, assimilará sempre todas as doutrinas progressivas, de qualquer ordem que sejam, desde que hajam assumido o estado de *verdades práticas* e abandonando o domínio da utopia, sem o que ele se suicidaria. Deixando de ser o que é, mentiria à sua origem e ao seu fim providencial. *Caminhando de par com o progresso, o Espiritismo jamais será ultrapassado, porque se novas descobertas lhe demonstrassem estar em erro acerca de um ponto qualquer, ele se modificaria nesse ponto. Se uma verdade nova se revelar, ele a aceitará.*" (*G* c. I it. 55).

Nos seus manuscritos, prevendo o futuro, o senhor reafirma estes pontos que acaba de citar, ressaltando o quanto é importante compreendermos o caráter essencialmente progressivo da Doutrina. Poderia mencioná-los para que essa característica da Doutrina Espírita fique bem evidenciada?

"Pelo fato de ela (a Doutrina) não se embalar com sonhos irrealizáveis, não se segue que se imobilize no presente. Apoiada tão só nas Leis da Natureza, não pode variar mais do que estas leis; mas, se uma nova lei for descoberta, tem ela que se pôr de acordo com essa lei. Não lhe cabe fechar a porta a nenhum progresso, sob pena de se suicidar. Assimilando todas as ideias reconhecidamente justas, de qualquer ordem que sejam, físicas ou metafísicas, ela jamais será ultrapassada, constituindo isso uma das principais garantias da sua perpetuidade." (*OP* p. 348).

Autoridade da
Doutrina Espírita

Qual deverá ser o procedimento para avaliarmos as novidades mediúnicas psicografadas, enfeixadas em livros que atualmente circulam no meio espírita, trazendo informações diferentes, em grande parte sem base doutrinária?

"O primeiro exame comprobativo é, pois, sem contradita, o da razão, ao qual cumpre se submeta, sem exceção, tudo o que venha dos Espíritos. Toda teoria em manifesta contradição com o bom senso, com uma lógica rigorosa e com os dados positivos já adquiridos, deve ser rejeitada, por mais respeitável que seja o nome que traga como assinatura. Incompleto, porém, ficará esse exame em muitos casos, por efeito da falta de luzes de certas pessoas e das tendências de não poucas a tomar as próprias opiniões como juízes únicos da verdade. Assim sendo, que hão de fazer aqueles que não depositam confiança absoluta em si mesmos? Buscar o parecer da maioria e tomar por guia a opinião desta. De tal modo é que se deve proceder em face do que digam os Espíritos, que são os primeiros a nos fornecer os meios de consegui-lo." (*ESE* Introdução II).

Haverá um meio prático para identificarmos a autenticidade dessas informações?

"A concordância no que ensinem os Espíritos é, pois, a melhor comprovação. Importa, no entanto, que ela se dê em determinadas condições. A mais fraca de todas ocorre quando um médium, a sós, interroga muitos Espíritos acerca de um ponto duvidoso. É evidente que, se ele estiver sob o império de uma obsessão, ou lidando com um Espírito mistificador, este lhe pode dizer a mesma coisa sob diferentes nomes. Tampouco garantia alguma suficiente haverá na conformidade que apresente o que se possa obter por diversos médiuns, num mesmo centro, porque podem estar todos sob a mesma influência." (*ESE* Introdução II).

Vê-se que o problema é da maior gravidade, pois a influência de ordem inferior pode contaminar um número grande de pessoas em nosso meio. Quais as possibilidades que temos para exercer um controle eficaz?

"Uma só garantia séria existe para o ensino dos Espíritos: a concordância que haja entre as revelações que eles façam espontaneamente, servindo-se de grande número de médiuns estranhos uns aos outros e em vários lugares." (*ESE* Introdução II).

A concordância no ensino que os Espíritos transmitem é, portanto, o fator de segurança para essa avaliação, não é assim?

"Essa a base em que nos apoiamos, quando formulamos um princípio da doutrina. Não é porque esteja de acordo com as nossas ideias que o temos por verdadeiro. Não nos arvoramos, absolutamente, em árbitro supremo da verdade e a ninguém dizemos: 'Crede em tal coisa, porque somos nós que vo-lo dizemos.' A nossa opinião não passa, aos nossos próprios olhos, de uma opinião pessoal, que pode ser verdadeira ou falsa, visto não nos considerarmos mais infalível do que qualquer outro. Também não é porque um princípio nos foi ensinado que, para nós, ele exprime a verdade, mas porque recebeu a sanção da concordância." (idem).

Compreendemos e louvamos o zelo e a seriedade que o senhor coloca no desempenho da missão que lhe foi confiada pelo Espírito de Verdade e a sua preocupação quanto ao futuro do Espiritismo...

"Essa verificação universal constitui uma garantia para a unidade futura do Espiritismo e anulará todas as teorias contraditórias. Aí é que, no porvir, se encontrará o critério da verdade. O que deu lugar ao êxito da doutrina exposta em *O livro dos espíritos* e em *O livro dos médiuns* foi que em toda a parte todos receberam diretamente dos Espíritos a confirmação do que esses livros contêm. Se de todos os lados tivessem vindo os Espíritos contradizê-la, já de há muito haveriam aquelas obras experimentado a sorte de todas as concepções fantásticas. Nem mesmo o apoio da imprensa as salvaria do naufrágio, ao passo que, privadas como se viram desse apoio, não deixaram elas de abrir caminho e de avançar celeremente. É que tiveram o dos Espíritos, cuja boa vontade não só compensou, como também sobrepujou o malquerer dos homens. Assim sucederá a todas as ideias que, emanando quer dos Espíritos, quer dos homens, não possam suportar a prova desse confronto, cuja força a ninguém é lícito contestar." (idem).

Cabe, portanto, a nós, espíritas, zelar pela fidelidade doutrinária e, neste assunto específico da publicação de mensagens e livros, manter esses critérios que o senhor expôs com tanta clareza.

"Daí a necessidade da maior prudência em dar-lhes publicidade; e, caso se julgue conveniente publicá-las, importa não as apresentar senão como opiniões individuais, mais ou menos prováveis, porém, carecendo sempre de confirmação. Essa confirmação é que se precisa aguardar, antes de apresentar um princípio como verdade absoluta, a menos se queira ser acusado de leviandade ou de credulidade irrefletida. [...]
Não será à opinião de um homem que se aliarão os outros, mas à voz unânime dos Espíritos; não será um homem, nem nós, como *não será qualquer outro,* que fundará a ortodoxia espírita; tampouco será um Espírito que se venha a impor a quem quer

que seja: será a universalidade dos Espíritos que se comunicam em toda a Terra, por ordem de Deus. Esse o caráter essencial da Doutrina Espírita; essa a sua força, a sua autoridade. Quis Deus que a sua lei assentasse em base inamovível e por isso não lhe deu por fundamento a cabeça frágil de um só." (*ESE* Introdução II).

Caridade

Há pessoas que dão esmolas, donativos para instituições, assinam listas de Natal contribuindo com dinheiro – isso é caridade, segundo voz geral, e sabemos que é realmente uma forma de a criatura aprender a doar do que tem. Mas aos poucos, novos conceitos em torno do assunto foram surgindo e, hoje em dia, incentiva-se às pessoas doar também de si mesmas, de seu tempo. Seria esta a caridade que o Mestre recomenda?

"A caridade, segundo Jesus não se restringe à esmola, abrange todas as relações em que nos achamos com os nossos semelhantes, sejam eles nossos inferiores, nossos iguais ou nossos superiores. Ela nos prescreve a indulgência, porque de indulgência precisamos nós mesmos, e nos proíbe que humilhemos os desafortunados, contrariamente ao que se costuma fazer. Apresente-se uma pessoa rica e todas as atenções e deferências lhe são dispensadas. Se for pobre, toda gente como que entende que não precisa preocupar-se com ela. No entanto, quanto mais lastimosa seja a sua posição, tanto maior cuidado devemos em lhe não aumentarmos o infortúnio pela humilhação. O homem verdadeiramente bom procura elevar aos seus próprios olhos aquele que lhe é inferior, diminuindo a distância que os separa." (*LE* q. 886).

Fala-se muito, nas outras religiões, em **salvação** *e, cada uma requer para seus seguidores o privilégio de salvá-los desde que aceitem seus preceitos. Como o Espiritismo prega a salvação?*

"A máxima – *Fora da caridade não há salvação* consagra o princípio da igualdade perante Deus e da liberdade de consciência. Tendo-a por norma, todos os homens são irmãos e, qualquer que seja a maneira porque adorem o Criador, eles se estendem as mãos e oram uns pelos outros. [...] O Espiritismo, de acordo com o Evangelho, admitindo a salvação para todos, independente de qualquer crença, contanto que a lei de Deus seja observada, não diz: *Fora do Espiritismo não há salvação*; e, como não pretende ensinar ainda toda a verdade, também não diz: *Fora da verdade não há salvação*, pois que esta máxima separaria em lugar de unir e perpetuaria os antagonismos." (*ESE* c. XV its. 8 e 9).

Qual seria o melhor caminho para que a caridade seja implantada, não apenas entre os indivíduos mas também entre as nações?

"Substituí o egoísmo pela caridade, e tudo se transforma; ninguém buscará fazer mal ao seu vizinho; os ódios e os ciúmes se extinguirão por falta de combustível, e os homens viverão em paz, auxiliando-se mutuamente, em vez de se atacarem com ferocidade. Se a caridade substituir o egoísmo, todas as instituições sociais se assentarão sobre o princípio da solidariedade e da reciprocidade. O forte protegerá o fraco, ao invés de explorá-lo." (*VE* p. 49).

Consolador

Jesus promete aos discípulos, quando deles se despedia, conforme registra João Evangelista (João, 14:15 a 17 e 26), que rogaria ao Pai que enviasse outro Consolador; o Espiritismo é este Consolador Prometido?

"O Espiritismo vem, na época predita, cumprir a promessa do Cristo: preside ao seu advento o Espírito de Verdade. Ele chama os homens à observância da lei: ensina todas as coisas fazendo compreender o que Jesus só disse por parábolas. Advertiu o Cristo: 'Ouçam os que têm ouvidos para ouvir.' O Espiritismo vem abrir os olhos e os ouvidos, porquanto fala sem figuras, nem alegorias; levanta o véu intencionalmente lançado sobre certos mistérios. Vem, finalmente, trazer a consolação suprema aos deserdados da Terra e a todos os que sofrem, atribuindo causa justa e fim útil a todas as dores." (*ESE* c. VI it. 4).

Quais são as características do Espiritismo que evidenciam a sua condição de ser o Consolador prometido por Jesus?

"Demais, se se considerar o poder moralizador do Espiritismo, pela finalidade que assina a todas as ações da vida, por tornar quase tangíveis as consequências do bem e do mal, pela força moral, a coragem e as consolações que dá nas aflições, mediante inalterável confiança no futuro, pela ideia de ter cada um perto de si os seres a quem amou, a certeza de os rever, a possibilidade de confabular com eles; enfim, pela certeza de que tudo quanto se fez, quanto se adquiriu em inteligência, sabedoria, moralidade, *até à última hora da vida,* não fica perdido, que tudo aproveita ao adiantamento do Espírito, reconhece-se que o Espiritismo realiza todas as promessas do Cristo a respeito do *Consolador* anunciado. Ora, como é o *Espírito de Verdade* que preside ao grande movimento de regeneração, a promessa da sua vinda se acha por essa forma cumprida, porque, de fato, é ele o verdadeiro *Consolador.*" (*G* c. I it. 42).

Crianças

A importância da educação infantil é hoje reconhecida, embora, na prática, ainda deixe muito a desejar; entretanto, é preciso assinalar que em muitos aspectos já está bem mais compreendida e valorizada. Em suas viagens, o senhor teve oportunidade de entrar em contato com famílias espíritas? E nestas, pôde observar as crianças recebendo uma educação em bases espíritas? Notou alguma diferença em relação às outras?

"É notável verificar que as crianças educadas nos princípios espíritas têm um raciocínio precoce que as torna infinitamente mais fáceis de serem governadas; nós as vimos em grande número, de todas as idades e de ambos os sexos, nas diversas famílias espíritas em que fomos recebidos, e pudemos constatar o fato pessoalmente. Isto nem lhes tira a alegria, nem a natural vivacidade; contudo, não há nelas essa turbulência, essa teimosia, esses caprichos, esses caprichos que tornam tantas outras insuportáveis. Ao contrário, elas mostram um fundo de docilidade, de brandura e de respeito filial que as leva a obedecer sem dificuldade e as torna mais estudiosas. Foi o que notamos, e essa observação é geralmente confirmada." (*VE* págs. 12 e 13).

Neste caso, o futuro que se delineia em relação à educação das crianças nos princípios espíritas leva-nos a crer que, gradualmente, teremos gerações melhores, que compreendem mais profundamente o sentido da vida terrena e a condição de que cada ser humano é um Espírito reencarnado?

"Se pudéssemos analisar aqui os sentimentos que as crenças espíritas tendem a desenvolver nas crianças, conceberíamos facilmente os resultados que pode produzir. Diremos apenas que a convicção que têm da presença de seus avós, que estão ali, ao seu lado e podem incessantemente vê-las, impressiona bem mais vivamente do que o temor do diabo, ao qual logo terminam por descrer, ao passo que não podem duvidar do que testemunham todos os dias no seio da família. É, pois, uma geração espírita que se edifica e que vai aumentando sem cessar. Por sua vez, essas crianças educarão seus filhos nos mesmos princípios, enquanto os velhos preconceitos desaparecem com as velhas gerações [...]." (*VE* p. 13).

Deus

Sabemos que a concepção que a maioria das criaturas têm acerca de Deus, desde a lei mosaica até os nossos dias, é a de um ser cruel e vingativo, que privilegia alguns de seus filhos, que nascem perfeitos, têm uma vida próspera e tranquila, gozando de boa saúde e usufruindo dos prazeres da vida terrena, enquanto que a maior parte da Humanidade passa por lutas e sofrimentos, miséria, fome, dores físicas e morais. Jesus mudou essa visão estreita sobre o Criador?

"A parte mais importante da revelação do Cristo, no sentido de fonte primária, de pedra angular de toda a sua doutrina é o ponto de vista inteiramente novo sob que considera ele a Divindade. [...] Toda a doutrina do Cristo se funda no caráter que ele atribui à Divindade. Com um Deus imparcial, soberanamente justo, bom e misericordioso, ele fez do amor de Deus e da caridade para com o próximo a condição indeclinável da salvação, dizendo: *Amai a Deus sobre todas as coisas e o vosso próximo como a vós mesmos; nisto estão toda a lei e os profetas; não existe outra lei.* Sobre esta crença, assentou o princípio da igualdade dos homens perante Deus e o da fraternidade universal. Mas, fora possível amar o Deus de Moisés? Não; só se podia temê-lo." (*G* c. I its. 23 e 25).

Mesmo com toda essa nova concepção acerca de Deus trazida por Jesus, pouca coisa mudou nesses dois mil anos, principalmente entre aqueles que se dizem cristãos, o que é lastimável. A que o senhor atribui essa dificuldade?

"A revelação dos verdadeiros atributos da Divindade, de par com a da imortalidade da alma e da vida futura, modificava profundamente as relações mútuas dos homens, impunha-lhes novas obrigações, fazia-os encarar a vida presente sob outro aspecto e tinha, por isso mesmo, de reagir contra os costumes e as relações sociais. É esse incontestavelmente, por suas consequências, o ponto capital da revelação do Cristo, cuja importância não foi compreendida suficientemente e, contrista dizê-lo, é também o ponto de que mais a Humanidade se tem afastado, que mais há desconhecido na interpretação dos seus ensinos." (G cap. I it. 25).

Jesus, no Sermão do Monte, afirma: Bem-aventurados os que têm puro o coração porque eles verão a Deus (*Mateus, 5:8*). *São as imperfeições que impedem aos Espíritos perceberem a presença de Deus em toda parte?*

"Sendo Deus a essência divina por excelência, não pode ser percebido em todo o seu esplendor senão pelos Espíritos chegados ao mais alto grau de desmaterialização. Se os Espíritos imperfeitos não o veem, não é porque estejam *mais afastados que os outros*; como eles, como todos os seres da Natureza, estão mergulhados no fluido divino; como nós estamos na luz, os cegos também estão mergulhados na luz e, contudo não a veem. As imperfeições são véus que ocultam Deus à visão dos Espíritos inferiores; quando o nevoeiro se dissipar, eles o verão resplandecer; para isto não precisarão subir, nem de ir buscá-lo nas profundezas do Infinito; estando a vida espiritual isenta das manchas morais que a obscureciam, eles o verão em qualquer lugar onde se encontrem, ainda que na Terra, já que Deus está em toda parte." (*RE* 1866 – maio).

Deuses

*O*s *deuses das crenças pagãs podem ser compreendidos hoje como entidades espirituais?*

"A palavra *deus* tinha, entre os antigos, acepção muito ampla. Não indicava, como presentemente, uma personificação do Senhor da Natureza. Era uma qualificação genérica, que se dava a todo ser existente fora das condições da Humanidade. Ora, tendo-lhes as manifestações espíritas revelado a existência de seres incorpóreos a atuarem como potência da Natureza, a esses seres deram eles o nome de *deuses,* como lhes damos atualmente o de *Espíritos.* [...] Se estudarmos atentamente os diversos atributos das divindades pagãs, reconheceremos, sem esforço, todos os de que vemos dotados os Espíritos nos diferentes graus da escala espírita, o estado físico em que se encontram em mundos superiores, todas as propriedades do perispírito e os papéis que desempenham nas coisas da Terra. Vindo iluminar o mundo com a sua divina luz, o Cristianismo não se propôs destruir uma coisa que está na Natureza. Orientou, porém, a adoração para Aquele a quem é devida. Quanto aos Espíritos, a lembrança deles se há perpetuado, conforme os povos, sob diversos nomes, e suas manifestações, que nunca deixaram de produzir-se, foram, interpretadas de maneiras diferentes e muitas vezes exploradas sob o prestígio do mistério." (*LE* q. 668).

Egoísmo e educação

*N*este início do 3º Milênio podemos notar que a Humanidade está ainda muito atrasada, o egoísmo prevalece dificultando a marcha do progresso e dando campo à violência. Haverá cura para tal situação?

"Poderá ser longa a cura, porque numerosas são as causas, mas não é impossível. Contudo, ela só se obterá se o mal for atacado em sua raiz, isto é, pela educação, não por essa educação que tende a fazer homens instruídos, mas pela que tende a fazer homens de bem. A educação, convenientemente entendida, constitui a chave do progresso moral. Quando se conhecer a arte de manejar os caracteres, como se conhece a de manejar as inteligências, conseguir-se-á corrigi-los, do mesmo modo que se aprumam plantas novas." (*LE* q. 917).

Como emérito educador, o senhor poderia instruir-nos um pouco mais acerca dessa arte tão especial?

"Essa arte, porém, exige muito tato, muita experiência e profunda observação. É grave erro pensar-se que, para exercê-la com proveito, baste o conhecimento da Ciência. Quem acompanhar, assim o filho do rico, como o do pobre, desde o instante do nascimento, e observar todas as influências perniciosas que sobre eles atuam, em consequência da fraqueza, da incúria e da ignorância dos que os dirigem, observando igualmente com quanta frequência falham os meios empregados para moralizá-los, não poderá espantar-se de encontrar pelo mundo tantas esquisitices. Faça-se com o moral o que se faz com a inteligência e ver-se-á que, se há naturezas refratárias, muito maior do que se julga é o número das que apenas reclamam boa cultura, para produzir bons frutos." (*LE* q. 917).

Infere-se, portanto, que em todos os campos da vivência humana o que tem falhado é a educação. O senhor poderia esclarecer um pouco mais este importante tema? É o elemento que nos está faltando?

"Esse elemento é a *educação*, não a educação intelectual, mas a educação moral. Não nos referimos, porém, à educação moral pelos livros e sim à que consiste *na arte de formar os caracteres, à que incute* hábitos, porquanto *a educação é o conjunto dos hábitos adquiridos*. Considerando-se a aluvião de indivíduos que todos os dias são lançados na torrente da população, sem princípios, sem freio e entregues a seus próprios instintos, serão de espantar as consequências desastrosas que daí decorrem? Quando essa arte for conhecida, compreendida e praticada, o homem terá no mundo hábitos de *ordem e previdência* para consigo mesmo e para com os seus, *de respeito a tudo o que é respeitável,* hábitos que lhe permitirão atravessar menos penosamente os maus dias inevitáveis." (*LE* q. 685).

Voltando à questão do egoísmo: se o ser humano deseja ser feliz, é imprescindível identificá-lo como a causa geradora de muitos de seus males; mas isto não seria difícil?

"Quando compreender bem que no egoísmo reside uma dessas causas, a que gera o orgulho, a ambição, a cupidez, a inveja, o ódio, o ciúme, que a cada momento o magoam, a que perturba todas as relações sociais, provoca as dissensões, aniquila a confiança, a que o obriga a se manter constantemente na defensiva contra o seu vizinho, enfim a que do amigo faz inimigo, ele compreenderá também que esse vício é incompatível com a sua felicidade e podemos mesmo acrescentar, com sua própria segurança. E quanto mais haja sofrido por efeito desse vício, mais sentirá a necessidade de combatê-lo, como se combatem a peste, os animais nocivos e todos os outros flagelos. O seu próprio interesse a isso o induzirá." (*LE* q. 917).

Espiritismo e Evangelho

Como o senhor vê a importância do ensino moral contido no Evangelho de Jesus?

"Diante desse código divino, a própria incredulidade se curva. É terreno onde todos os cultos podem reunir-se, estandarte sob o qual podem todos colocar-se, quaisquer que sejam suas crenças, porquanto jamais ele constituiu matéria das disputas religiosas, que sempre e por toda a parte se originaram das questões dogmáticas. Aliás, se o discutissem, nele teriam as seitas encontrado sua própria condenação, visto que, na maioria, elas se agarram mais à parte mística do que à parte moral, que exige de cada um a reforma de si mesmo. Para os homens, em particular, constitui aquele código uma regra de proceder que abrange todas as circunstâncias da vida privada e da vida pública, o princípio básico de todas as relações sociais que se fundam na mais rigorosa justiça. É finalmente e acima de tudo, o roteiro infalível para a felicidade vindoura, o levantamento de uma ponta do véu que nos oculta a vida futura." (*ESE* Introdução I).

Há pontos divergentes entre a moral que os Espíritos Superiores transmitiram e os preceitos do Evangelho do Cristo?

"A moral dos Espíritos Superiores se resume, como a do Cristo, nesta máxima evangélica: Fazer aos outros o que quereríamos que os outros nos fizessem, isto é, fazer o bem e não o mal. Neste princípio encontra o homem uma regra universal de proceder, mesmo para as suas menores ações." (*LE* Intr. VI).

A moral ensinada por Jesus e que emana de seus ensinamentos não seria suficiente para a Humanidade? Que utilidade tem a moral espírita e em que difere daquela legada pelo Cristo?

"O Espiritismo não traz moral diferente da de Jesus. Mas, perguntamos, por nossa vez: Antes que viesse o Cristo, não tinham os homens a lei dada por Deus a Moisés? A Doutrina do Cristo não se acha contida no Decálogo? Dir-se-á, por isso, que a moral de Jesus era inútil? Perguntaremos, ainda, aos que negam utilidade à moral espírita: Por que tão pouco praticada é a do Cristo? E por que, exatamente os que com justiça lhe proclamam a sublimidade, são os primeiros a violar-lhe o preceito capital: *o da caridade universal?* Os Espíritos vêm não só confirmar-lhe, mas também mostrar-nos a sua utilidade prática. Tornam inteligíveis e patentes verdades que haviam sido ensinadas sob a forma alegórica. E, juntamente com a moral, trazem-nos a definição dos mais abstratos problemas da psicologia." (*LE* concl. VIII).

É muito importante firmarmos aqui nosso entendimento quanto à questão do Evangelho, pois uma crítica que é muito utilizada pelos que são contrários ao Espiritismo é que este distorce os ensinamentos do Mestre. O senhor pode esclarecer este ponto?

"Assim como o Cristo disse: "Não vim destruir a lei, porém cumpri-la", também o Espiritismo diz: 'Não venho destruir a lei cristã, mas dar-lhe execução'. Nada ensina em contrário ao que ensinou o Cristo; mas, desenvolve, completa e explica, em termos claros e para toda gente, o que foi dito apenas sob forma alegórica. Vem cumprir, nos tempos preditos, o que o Cristo anunciou e preparar a realização das coisas futuras. Ele é, pois, obra do Cristo, que preside, conforme igualmente anunciou, à regeneração que se opera e prepara o Reino de Deus na Terra." (*ESE* c. I it. 7).

Considerando que há dois mil anos a Humanidade recebeu os ensinamentos legados por Jesus, e que nesse período ainda não os assimilou e muito menos os tem vivenciado, como procedem agora os Espíritos Superiores no que concerne à sua divulgação?

"Graças às relações estabelecidas, doravante e permanentemente, entre os homens e o mundo invisível, a lei evangélica, que os próprios Espíritos ensinaram a todas as nações, já não será letra morta, porque cada um a compreenderá e se verá incessantemente compelido a pô-la em prática, a conselho de seus guias espirituais. As instruções que promanam dos Espíritos são verdadeiramente as vozes do céu que vêm esclarecer os homens e convidá--los à prática do Evangelho." (*ESE* Introd. I).

Em sua opinião, o Espiritismo, esclarecendo os pontos obscuros dos ensinamentos evangélicos, contribui para que Jesus seja melhor compreendido em sua elevada condição espiritual?

"O Espiritismo, longe de negar ou destruir o Evangelho, vem, ao contrário, confirmar, explicar e desenvolver, pelas novas Leis da Natureza, que revela, tudo quanto o Cristo disse e fez; elucida os pontos obscuros do ensino cristão, de tal sorte que aqueles para quem eram ininteligíveis certas partes do Evangelho, ou pareciam inadmissíveis, as compreendem e admitem, sem dificuldade, com o auxílio desta doutrina; veem melhor o seu alcance e podem distinguir a realidade e a alegoria; o Cristo lhes parece maior: já não é simplesmente um filósofo, é um Messias Divino." (*G* c.1 it. 41).

Espíritos protetores e familiares

A ideia de que existe um anjo-de-guarda ou um Espírito protetor para cada ser humano é extremamente reconfortante. E quanto aos Espíritos familiares, eles são da mesma categoria?

"O Espírito protetor, anjo-de-guarda, ou bom gênio é o que tem por missão acompanhar o homem na vida e ajudá-lo a progredir. É sempre de natureza superior, com relação ao protegido. Os Espíritos familiares se ligam a certas pessoas por laços mais ou menos duráveis, com o fim de lhes serem úteis, dentro dos limites do poder, quase sempre muito restrito, de que dispõem. São bons, porém muitas vezes pouco adiantados e mesmo um tanto levianos. Ocupam-se de boa mente com as particularidades da vida íntima e só atuam por ordem ou com permissão dos Espíritos protetores." (*LE* q. 514).

Sabemos que existem Espíritos que protegem as nações, mas cremos que igualmente delas aproximam aqueles que estão interessados em retardar-lhes o progresso.

O que, afinal, determina, nos povos, a atração de uma ou de outra categoria de Espíritos?

"Nos povos, determinam a atração dos Espíritos os costumes, os hábitos, o caráter dominante e as leis, as leis sobretudo, porque o caráter de uma nação se reflete nas suas leis. Fazendo reinar em seu seio a justiça, os homens combatem a influência dos maus Espíritos. Onde quer que as leis consagrem coisas injustas, contrárias à Humanidade, os bons Espíritos ficam em minoria e a multidão que aflui, dos maus mantém a nação aferrada às suas ideias e paralisa as boas influências parciais, que ficam perdidas no conjunto, como insuladas espigas entre espinheiros. Estudando-se os costumes dos povos ou de qualquer reunião de homens, facilmente se forma ideia da população oculta que se lhes imiscui no modo de pensar e nos atos." (*LE* q. 521).

Esquecimento do passado

A recordação das faltas cometidas em reencarnações anteriores não seria oportuna, visto que assim o Espírito procuraria evitá-las e resolver o que ficou pendente?

"Gravíssimos inconvenientes teria o nos lembrarmos das nossas individualidades anteriores. Em certos casos, humilhar-nos-ia sobremaneira. Em outros nos exaltaria o orgulho, peando-nos, em consequência, o livre-arbítrio. Para nos melhorarmos, dá-nos Deus exatamente o que nos é necessário e basta: a voz da consciência e os pendores instintivos. Priva-nos do que nos prejudicaria. Acrescentemos que, se nos recordássemos dos nossos precedentes atos pessoais, igualmente nos recordaríamos dos dos outros homens, do que resultariam talvez os mais desastrosos efeitos para as relações sociais. Nem sempre podendo honrar-nos do nosso passado, melhor é que sobre ele um véu seja lançado."
(*LE* q. 394).

Mas o esquecimento não torna mais demorado o progresso do Espírito?

"O esquecimento das faltas praticadas não constitui obstáculo à melhoria do Espírito, porquanto, se é certo que este não se lembra delas com precisão, não menos certo é que a circunstância de as ter conhecido na erraticidade e de haver desejado repará-las o guia por intuição e lhe dá a ideia de resistir ao mal, ideia que é a voz da consciência, tendo a secundá-la os Espíritos Superiores que o assistem, se atende às boas inspirações que lhe dão." (*LE* q. 399)

Família

Como se explica que numa mesma família existam parentes com grandes afinidades, que se estimam, e outros em que a animosidade parece estar presente em todos os momentos, havendo mesmo uma rejeição constante de ambas as partes?

"Os que encarnam numa mesma família, sobretudo como parentes próximos, são as mais das vezes, Espíritos simpáticos, ligados por anteriores relações, que se expressam por uma afeição recíproca na vida terrena. Mas, também pode acontecer sejam completamente estranhos uns aos outros esses Espíritos, afastados entre si por antipatias igualmente anteriores, que se traduzem na Terra por um mútuo antagonismo, que aí lhes serve de provação." (*ESE* c. XIV it. 8).

Isto aclara a situação bastante comum em muitas famílias, para a qual não havia uma explicação plausível quanto a certas afinidades que unem as pessoas, as quais, embora não tendo nenhum parentesco, sentem-se como verdadeiros irmãos, o que não ocorre em relação aos próprios irmãos consanguíneos, não é mesmo?

"Não são os da consanguinidade os verdadeiros laços de família e sim os da simpatia e da comunhão de ideias, os quais prendem os Espíritos *antes, durante e depois* de suas encarnações. Segue-se que dois seres nascidos de pais diferentes podem ser mais irmãos pelo Espírito, do que se o fossem pelo sangue. Podem então atrair-se, buscar-se, sentir prazer quando juntos, ao passo que dois irmãos consanguíneos podem repelir-se, conforme se observa todos os dias: problema moral que só o Espiritismo podia resolver pela pluralidade das existências." (*ESE* c. XIV it. 8).

Pode-se, portanto, concluir que podemos ter diferentes ligações familiares?

"Há, pois, duas espécies de famílias: *as famílias pelos laços espirituais e as famílias pelos laços corporais*. Duráveis, as primeiras se fortalecem pela purificação e se perpetuam no mundo dos Espíritos, através das várias migrações da alma; as segundas, frágeis como a matéria, se extinguem com o tempo e muitas vezes se dissolvem moralmente, já na existência atual." (*ESE* c. XIV it. 8).

Fascinação

Entre as três variedades do processo obsessivo – obsessão simples, fascinação e subjugação – conforme o senhor tão bem esclarece, temos notado, na prática, que a fascinação é a mais difícil de ser erradicada, visto que o médium não admite que está sob o domínio de um Espírito enganador. Por que isto ocorre?

"A fascinação tem consequências muito mais graves. É uma ilusão produzida pela ação direta do Espírito sobre o pensamento do médium e que, de certa maneira, lhe paralisa o raciocínio, relativamente às comunicações. O médium fascinado não acredita que o estejam enganando: o Espírito tem a arte de lhe inspirar confiança cega, que o impede de ver o embuste e de compreender o absurdo do que escreve, ainda quando esse absurdo salte aos olhos de toda gente. A ilusão pode mesmo ir até ao ponto de o fazer achar sublime a linguagem mais ridícula. Fora erro acreditar que a este gênero de obsessão só estão sujeitas as pessoas simples, ignorantes e baldas de senso. Dela não se acham isentos nem os homens de mais espírito [...] o que prova que tal aberração é efeito de uma causa estranha, cuja influência eles sofrem." (*LM* c. XXIII it. 239).

Tendo a fascinação estas características, chegamos à conclusão de que ela é realmente mais grave que a subjugação, pois o obsidiado não aceita qualquer esclarecimento ou advertência e não colabora para a própria cura, não é mesmo?

"A tarefa se apresenta mais fácil quando o obsidiado, compreendendo a sua situação, presta o concurso da sua vontade e da sua prece. O mesmo não se dá, quando, seduzido pelo Espírito embusteiro, ele se ilude no tocante às qualidades daquele que o domina e se compraz no erro em que este último o lança, visto que, então, longe de secundar, repele toda assistência. É o caso da fascinação, infinitamente mais rebelde do que a mais violenta subjugação." (*ESE* c. XXVIII it. 81).

Diante dessas dificuldades as pessoas não poderiam deduzir que as práticas mediúnicas são perigosas?

"Em resumo: o perigo não está no Espiritismo, em si mesmo, pois que este pode, ao contrário, servir-nos de governo e preservar-nos do risco que corremos incessantemente, à revelia nossa. O perigo está na orgulhosa propensão de certos médiuns para, muito levianamente, se julgarem instrumentos exclusivos de Espíritos Superiores e nessa espécie de fascinação que lhes não permite compreender as tolices de que são intérpretes." (*LM* c. XXIII it. 244).

Fé

A questão da fé, ainda hoje, é bastante complicada, porque a maioria das pessoas não se libertou da ideia de que para crer é preciso aceitar cegamente os preceitos dessa ou daquela religião. E o Espiritismo, como explica a fé?

"Do ponto de vista religioso, a fé consiste na crença em dogmas especiais, que constituem as diferentes religiões. Todas elas têm seus artigos de fé. Sob esse aspecto, pode a fé ser *raciocinada* ou *cega*. Nada examinando, a fé cega aceita, sem verificação, assim o verdadeiro como o falso, e a cada passo se choca com a evidência e a razão. Levada ao excesso, produz o *fanatismo*. Em assentando no erro, cedo ou tarde desmorona; somente a fé que se baseia na verdade garante o futuro, porque nada tem a temer do progresso das luzes, dado que *o que é verdadeiro na obscuridade, também o é à luz meridiana*. Cada religião pretende ter a posse exclusiva da verdade; *preconizar alguém a fé cega sobre um ponto de crença é confessar-se impotente para demonstrar que está com a razão.*" (*ESE* c. XIX it. 6)

Poderíamos dizer que a fé raciocinada propõe e estimula o senso crítico do indivíduo, no sentido de refletir, analisar, sopesar, enfim raciocinar e aceitar o que a sua razão sanciona?

"A fé necessita de uma base, base que é a inteligência perfeita daquilo em que se deve crer. E para crer, não basta *ver*; é preciso, sobretudo, compreender. [...] A fé raciocinada, por se apoiar nos fatos e na lógica, nenhuma obscuridade deixa. A criatura então crê, porque tem certeza e ninguém tem certeza senão porque compreendeu. Eis porque não se dobra. *Fé inabalável só é a que pode encarar de frente a razão, em todas as épocas da Humanidade.* A esse resultado conduz o Espiritismo, pelo que triunfa da incredulidade, sempre que não encontra oposição sistemática e interessada." (*ESE* c. XIX it. 7).

Por que é fácil para uns cultivar a fé, mantendo-a e até desenvolvendo-a enquanto que a outros parece ser impossível?

"Em certas pessoas, a fé parece de algum modo inata; uma centelha basta para desenvolvê-la. Essa facilidade de assimilar as verdades espirituais é sinal evidente de anterior progresso. Em outras pessoas, ao contrário, elas dificilmente penetram, sinal não menos evidente de naturezas retardatárias. As primeiras já creram e compreenderam; trazem ao renascerem, a intuição do que souberam: estão com a educação feita; as segundas tudo têm de aprender: estão com a educação por fazer. Ela, entretanto, se fará e, se não ficar concluída nesta existência, ficará em outra." (*ESE* c. XIX it. 7).

O senhor pode nos dar um exemplo prático de uma situação em que a fé se mostra poderosa?

"O poder da fé se demonstra, de modo direto e especial, na ação magnética; por seu intermédio, o homem atua sobre o fluido, agente universal, modifica-lhe as qualidades e lhe dá uma impulsão por assim dizer irresistível. Daí decorre que aquele que a um grande poder fluídico normal junta ardente fé pode, só pela força da sua vontade dirigida para o bem, operar esses singulares fenômenos de cura e outros, tidos antigamente por prodígios, mas que não passam de efeito de uma Lei Natural. Tal o motivo por que Jesus disse aos seus apóstolos: se não curastes, foi porque não tendes fé." (ESE c. XIX it. 5).

Felicidade

Embora a felicidade seja a meta de todas as criaturas, estas, em sua grande maioria, são infelizes. O que torna o ser humano infeliz?

"De ordinário, o homem só é infeliz pela importância que liga às coisas deste mundo. Fazem-lhe a infelicidade a vaidade, a ambição e a cobiça desiludidas. Se se colocar fora do círculo acanhado da vida material, se elevar seus pensamentos para o infinito, que é seu destino, mesquinhas e pueris lhe parecerão as vicissitudes da Humanidade, como o são as tristezas da criança que se aflige pela perda de um brinquedo, que resumia a sua felicidade suprema. Aquele que só vê felicidade na satisfação do orgulho e dos apetites grosseiros é infeliz, desde que não os pode satisfazer, ao passo que aquele que nada pede ao supérfluo é feliz com o que outros consideram calamidades.

Referimo-nos ao homem civilizado, porquanto, o selvagem, sendo mais limitadas as suas necessidades, não tem os mesmos motivos de cobiça e de angústias. Diversa é a sua maneira de ver as coisas. Como civilizado, o homem raciocina sobre a sua infelicidade e a analisa. Por isto é que esta o fere. Mas, também, lhe é facultado raciocinar sobre os meios de obter consolação e de analisá-los. Essa consolação ele a encontra *no sentimento cristão, que lhe dá a esperança de melhor futuro, e no Espiritismo que lhe dá a certeza desse futuro.*" (*LE* q. 933).

Encontrar a felicidade, ser feliz é o que todo ser humano anseia, e, nesta busca, muitos se perdem em desvios tortuosos que acabam por trazer o oposto do que estão buscando. Para que uma pessoa seja feliz ela tem que, necessariamente, ser espírita?

"A crença no Espiritismo ajuda o homem a se melhorar, firmando-lhe as ideias sobre certos pontos do futuro. Apressa o adiantamento dos indivíduos e das massas, porque faculta nos inteiremos do que seremos um dia. É um ponto de apoio, uma luz que nos guia. O Espiritismo ensina o homem a suportar as provas com paciência e resignação; afasta-o dos atos que possam retardar-lhe a felicidade, mas ninguém diz que, sem ele, ela não possa ser conseguida." (*LE* q. 982).

Mas, podemos dizer que aquele que tem uma conduta pautada nos princípios espíritas sente-se mais feliz?

"O Espiritismo progrediu principalmente depois que foi sendo mais bem compreendido na sua essência íntima, depois que lhe perceberam o alcance, porque tange a corda mais sensível do homem: a da sua felicidade, mesmo neste mundo. Aí a causa da sua propagação, o segredo da força que o fará triunfar. Enquanto sua influência não atinge as massas, ele vai felicitando os que o compreendem." (*LE* conclusão V).

Genoma humano

O senhor está ciente de que no ano 2000 os cientistas conseguiram o mapeamento do genoma humano, ficando evidenciada a proximidade do DNA humano com o dos animais. Como o Espiritismo vê esta semelhança?

"Seja ou não o corpo do homem uma criação especial o que não padece dúvida é que tem a formá-lo os mesmos elementos que o dos animais, a animá-lo o mesmo princípio vital, ou, por outra, a aquecê-lo o mesmo fogo, como tem a iluminá-lo a mesma luz e se acha sujeito às mesmas vicissitudes e as mesmas necessidades. É um ponto este que não sofre contestação. A não se considerar, pois, senão a matéria, abstraindo-se do Espírito o homem nada tem que o distinga do animal. Tudo, porém, muda de aspecto, logo que se estabelece distinção entre a habitação e o habitante." (*G*. c. 11 it. 14).

Influência do Espiritismo

Na época atual, muitas religiões novas estão surgindo, e estas, para atrairem adeptos, exercem vários tipos de pressões psicológicas, com ênfase para a salvação, prêmios e castigos divinos. Sendo assim, para que o Espiritismo venha a ter influência preponderante no seio das sociedades será preciso uma divulgação mais ostensiva e direta dos seus princípios, levando os indivíduos a se tornarem espíritas?

"Qualquer que seja a influência que um dia o Espiritismo chegue a exercer sobre as sociedades, não se suponha que ele venha a substituir uma aristocracia por outra, nem a impor leis; primeiramente, porque, proclamando o direito absoluto à liberdade de consciência e do livre-exame em matéria de fé, quer, como crença, ser livremente aceito, por convicção e não por meio de constrangimento. Pela sua natureza, não pode, nem deve exercer nenhuma pressão. Proscrevendo a fé cega, quer ser compreendido. Para ele, absolutamente não há mistérios, mas uma fé racional, que se baseia em fatos e que deseja a luz. Não repudia nenhuma descoberta da Ciência, dado que a Ciência é a coletânea das Leis da Natureza e que, sendo de Deus essas leis, repudiar a Ciência fora repudiar a obra de Deus. Em segundo lugar, estando a ação do Espiritismo no seu poder moralizador, não pode ele assumir nenhuma forma autocrática, porque então faria o que condena. Sua influência será preponderante, pelas modificações que trará às ideias, às opiniões, aos caracteres, aos costumes dos homens e às relações sociais. E maior será essa influência, pela circunstância de não ser imposta. Forte como filosofia, o Espiritismo só teria que perder, neste século de raciocínio, se se transformasse em poder temporal. Não será ele, portanto, que fará as instituições do mundo regenerado; os homens é que as farão, sob o império das ideias de justiça, de caridade, de fraternidade e de solidariedade, mais bem compreendidas, graças ao Espiritismo." (*OP* p. 220).

Inimigos

Jesus recomenda que devemos amar os inimigos, mas isto não é muito difícil? Será mesmo possível?

"Se o amor ao próximo constitui o princípio da caridade, amar os inimigos é a mais sublime aplicação desse princípio, porquanto a posse de tal virtude representa uma das maiores vitórias alcançadas contra o egoísmo e o orgulho. Entretanto, há geralmente equívoco no tocante ao sentido da palavra *amar*, neste passo. Não pretendeu Jesus, assim falando, que cada um de nós tenha para com o seu inimigo a ternura que dispensa a um irmão ou amigo. A ternura pressupõe confiança; ora, ninguém pode depositar confiança numa pessoa, sabendo que esta lhe quer mal; ninguém pode ter para com ela expansões de amizade, sabendo-a capaz de abusar dessa atitude. Entre pessoas que desconfiam umas das outras, não pode haver essas manifestações de simpatia que existem entre as que comungam nas mesmas ideias. Enfim, ninguém pode sentir, em estar com um inimigo, prazer

igual ao que sente na companhia de um amigo."
(*ESE* c. XII it. 3).

Na prática, como devemos proceder para com aquele que se considera nosso inimigo?

"Amar os inimigos é não lhes guardar ódio, nem rancor, nem desejos de vingança; é perdoar-lhes, *sem pensamento oculto e sem condições,* o mal que nos causem; é não opor nenhum obstáculo à reconciliação com eles; é desejar-lhes o bem e não o mal; é experimentar júbilos, em vez de pesar, com o bem que lhes advenha; é socorrê-los, em se apresentando ocasião; é abster-se, *quer por palavras, quer por atos,* de tudo o que os possa prejudicar; é finalmente, retribuir-lhes sempre o mal com o bem, *sem a intenção de os humilhar.* Quem assim procede preenche as condições do mandamento: Amai os vossos inimigos." (idem).

Jesus

A seu ver, qual a importância de Jesus para a Humanidade?

"Para o homem, Jesus constitui o tipo de perfeição moral a que a Humanidade pode aspirar na Terra. Deus no-lo oferece como o mais perfeito modelo e a doutrina que ensinou é a expressão mais pura da lei do Senhor, porque sendo ele o mais puro de quantos têm aparecido na Terra, o Espírito Divino o animava." (*LE* q. 625).

Até a vinda de Jesus a lei mosaica era preponderante e se impunha através de proibições e castigos, atribuídos a Deus, que era tido como um ser vingativo e impiedoso. Jesus mudou essa compreensão acerca de Deus, a ponto de hoje podermos afirmar que Ele propôs uma mudança de paradigma?

"Jesus não veio destruir a Lei, isto é, a Lei de Deus; veio cumpri-la, isto é, desenvolvê-la, dar-lhe o verdadeiro sentido e adaptá-la ao grau de adiantamento dos homens. Por isso é que se nos depara, nessa lei, o princípio dos deveres para com Deus e para com o próximo, base da sua doutrina. Quanto às Leis de Moisés, propriamente ditas, ele, ao contrário, as modificou profundamente, quer na substância, quer na forma. Combatendo constantemente o abuso das práticas exteriores e as falsas interpretações, por mais radical reforma não podia fazê-las passar, do que as reduzindo a esta única prescrição: "Amar a Deus acima de todas as coisas e o próximo como a si mesmo", e acrescentando: *aí estão a lei toda e os profetas.*" (*ESE* c. I it. 3).

A autoridade moral e espiritual de Jesus era incontestável, não é verdade?

"Mas, o papel de Jesus não foi o de um simples moralista, tendo por exclusiva autoridade a sua palavra. Cabia-lhe dar cumprimento às profecias que lhe anunciaram o advento; a autoridade lhe vinha da natureza excepcional do seu Espírito e da sua missão divina. Ele viera ensinar aos homens que a verdadeira vida não é a que transcorre na Terra e sim a que é vivida no Reino dos Céus; viera ensinar-lhes o caminho que a esse reino conduz, os meios de eles se reconciliarem com Deus e de pressentirem esses meios na marcha das coisas por vir, para a realização dos destinos humanos." (*ESE* c. I it. 4)

Sabemos que Ele ensinou de maneira adequada àquela época, utilizando-se principalmente de parábolas e de exemplos singelos, cuja profundidade, porém, é deveras impressionante. Pode-se perceber que Ele provocava a inteligência emocional e espiritual do ser humano, numa linguagem a ser compreendida nos tempos futuros. O que o senhor tem a dizer sobre isso?

"Entretanto, não disse tudo, limitando-se, respeito a muitos pontos, a lançar o gérmen de verdades que, segundo ele próprio o declarou, ainda não podiam ser compreendidas. Falou de tudo, mas em termos mais ou menos implícitos. Para ser apreendido o sentido oculto de algumas palavras suas, mister se fazia que novas ideias e novos conhecimentos lhes trouxessem a chave indispensável, ideias que, porém, não podiam surgir antes que o espírito humano houvesse alcançado um certo grau de madureza. A Ciência tinha de contribuir poderosamente para a eclosão e o desenvolvimento de tais ideias. Importava, pois, dar à Ciência tempo para progredir." (*ESE* c. I it. 4).

Livre-arbítrio

O Espírito é livre para fazer escolhas?

"O Espírito goza sempre do livre-arbítrio. Em virtude dessa liberdade é que escolhe, quando desencarnado, as provas da vida corporal e que, quando encarnado decide fazer ou não uma coisa e procede a escolha entre o bem e o mal. Negar ao homem o livre-arbítrio fora reduzi-lo à condição de máquina." (*LE* q. 399).

Embora uma grande parte das pessoas já admita a existência do livre-arbítrio, há muitas dúvidas quanto ao modo como o Espírito o exerce; veja-se, por exemplo, o problema do mal, dos crimes, dos sofrimentos; então elas questionam se tais situações estão previstas ou se o Espírito as escolhe. O senhor pode esclarecer estas dúvidas?

"A questão do livre-arbítrio se pode resumir assim: O homem não é fatalmente levado ao mal; os atos que pratica não foram previamente determinados; os crimes que comete não resultam de uma sentença do destino. Ele pode, por prova e por expiação, escolher uma existência em que seja arrastado ao crime, quer pelo meio onde se ache colocado, quer pelas circunstâncias que sobrevenham, mas será sempre livre de agir ou não agir. Assim, o livre-arbítrio existe para ele, quando no estado de Espírito, ao fazer a escolha da existência e das provas e, como encarnado, na faculdade de ceder ou de resistir aos arrastamentos a que todos nos temos voluntariamente submetido. Cabe à educação combater essas más tendências. Fa-lo-á utilmente, quando se basear no estudo aprofundado da natureza moral do homem. Pelo conhecimento das leis que regem essa natureza moral, chegar-se--á a modificá-la, como se modifica a inteligência pela instrução e o temperamento pela higiene." (*LE* it. 872).

Podemos então inferir que seria este o exercício da liberdade?

"Sem o livre-arbítrio, o homem não teria nem culpa por praticar o mal, nem mérito em praticar o bem. E isto a tal ponto está reconhecido que, no mundo, a censura ou o elogio são feitos à intenção, isto é, à vontade. Ora, quem diz vontade diz liberdade. Nenhuma desculpa poderá, portanto, o homem buscar, para os seus delitos, na sua organização física, sem abdicar da razão e da sua condição de ser humano, para se equiparar ao bruto. Se fora assim quanto ao mal, assim não poderia deixar de ser relativamente ao bem. Mas, quando o homem pratica o bem, tem grande cuidado de averbar o fato à sua conta, como mérito, e não cogita de por ele gratificar os seus órgãos, o que prova que, por instinto, não renuncia, malgrado à opinião de alguns sistemáticos, ao mais belo privilégio de sua espécie: a liberdade de pensar." (*LE* it. 872).

Mediunidade

*A*s *manifestações dos Espíritos ocorrem em toda parte e nada pode impedi-las. Isto significa que os tempos preditos são chegados?*

"A luz surge por toda parte. É todo um mundo novo que se desdobra às nossas vistas. Assim como a invenção do microscópio nos revelou o mundo dos infinitamente pequenos, de que não suspeitávamos; assim como o telescópio nos revelou milhões de mundos de cuja existência também não suspeitávamos, as comunicações espíritas nos revelam o mundo invisível que nos cerca, nos acotovela constantemente e que, à nossa revelia, toma parte em tudo o que fazemos." (*LE* concl. 8).

Aqueles que combatem o Espiritismo costumam dizer que nós, espíritas, inventamos toda essa questão de Espíritos, que inventamos os médiuns; o que dizer a esses?

"Não foram os médiuns, nem os espíritas que criaram os Espíritos: ao contrário, foram os Espíritos que fizeram haja espíritas e médiuns.

Não sendo os Espíritos mais do que as almas dos homens, é claro que há Espíritos desde quando há homens; por conseguinte, desde todos os tempos eles exerceram influência salutar ou perniciosa sobre a Humanidade. A faculdade mediúnica não lhes é mais que um meio de se manifestarem. Em falta dessa faculdade, fazem-no por mil outras maneiras, mais ou menos ocultas. Seria, pois, erro crer-se que só por meio das comunicações escritas ou verbais exercem os Espíritos sua influência. Esta influência é de todos os instantes e mesmo os que não se ocupam com Espíritos, ou até não creem neles, estão expostos a sofrê-la." (*LM* Cap. XXIII it. 244).

Será viável programar demonstrações mediúnicas para pessoas leigas, contando como certa a presença e manifestações dos Espíritos, no intuito de provar-lhes a interferência destes?

"No Espiritismo, temos que lidar com inteligências que gozam de liberdade e que a cada instante nos provam não estar submetidas aos nossos caprichos. Cumpre, pois, observar, aguardar os resultados e colhê-los à passagem. Daí o dec. irarmos abertamente que *quem quer que blasone de os obter à vontade não pode deixar de ser ignorante ou impostor.* Daí vem que o verdadeiro Espiritismo jamais se dará em espetáculo, nem subirá ao tablado das feiras." (*LM* c. III it. 31).

Os fenômenos mediúnicos, principalmente os de efeitos

físicos, atraem as pessoas, assim, não seria mais produtivo manter reuniões desse tipo para que aqueles que se interessem possam ver e comprovar a veracidade das comunicações?

"Falamos, pois, por experiência e, assim, também é por experiência que dizemos consistir o melhor método de ensino espírita em se dirigir, aquele que ensina, antes à razão do que aos olhos. Esse o método que seguimos em as nossas lições e pelo qual somente temos que nos felicitar. Ainda outra vantagem apresenta o estudo prévio da teoria – a de mostrar imediatamente a grandeza do objetivo e o alcance desta ciência." (*LM* cap. III its. 31 e 32).

A mediunidade e a manifestação dos Espíritos estão circunscritos a certas camadas da sociedade, talvez mais preparadas ou mais merecedoras?

"A mediunidade é conferida sem distinção, a fim de que os Espíritos possam trazer a luz a todas as camadas, a todas as classes da sociedade, ao pobre como ao rico; aos retos, para os fortificar no bem, aos viciosos para os corrigir. Não são estes últimos os doentes que necessitam de médico? Por que o privaria Deus, que não quer a morte do pecador, do socorro que o pode arrancar do lameiro? Os bons Espíritos lhe vêm em auxílio e seus conselhos, dados diretamente, são de natureza a impressioná-lo de modo mais vivo, do que se os recebesse indiretamente. Deus, em sua bondade, para lhe poupar o trabalho de ir buscá-la longe, nas mãos lhe coloca a luz." (*ESE* c. XXIV it. 12).

Médiuns

Há uma pergunta que as pessoas fazem comumente: todos somos médiuns?

"Se bem que cada um traga em si o gérmen das qualidades necessárias para se tornar médium, tais qualidades existem em graus muito diferentes e o seu desenvolvimento depende de causas que a ninguém é dado conseguir se verifiquem à vontade." (*LM* Introd).

Como o Espiritismo considera os médiuns?

"Os médiuns são os intérpretes dos Espíritos; suprem, nestes últimos, a falta dos órgãos materiais pelos quais transmitam suas instruções. Daí vem o serem dotados de faculdades para esse efeito. Nos tempos atuais, de renovação social, cabe-lhes uma missão especialíssima; são árvores destinadas a fornecer alimento espiritual a seus irmãos; multiplicam-se em número, para que abunde o alimento; há os por toda a parte, em todos os países, em todas as classes da sociedade, entre os ricos e os pobres, entre os grandes e os pequenos, a fim de que em nenhum ponto faltem e a fim de ficar demonstrado aos homens que *todos são chamados*. Se, porém, eles desviam do objetivo providencial a preciosa faculdade que lhes foi concedida, se a empregam em coisas fúteis ou prejudiciais, se a põem a serviço dos interesses mundanos, se em vez de frutos sazonados dão maus frutos, se se recusam a utilizá-la em benefício dos outros, se nenhum proveito tiram dela para si mesmos, melhorando-se, são quais a figueira estéril." (*ESE* c. XIX it. 10).

Quando a faculdade mediúnica já está desenvolvida, o médium pode considerar-se bastante experiente e livre de influenciações de Espíritos perturbadores?

"Suponhamos agora que a faculdade mediúnica esteja completamente desenvolvida; que o médium escreva com facilidade; que seja, em suma, o que se chama de médium feito. Grande erro de sua parte fora crer-se dispensado de qualquer instrução mais, porquanto apenas terá vencido uma resistência material. Do ponto a que chegou é que começam as verdadeiras dificuldades, é que ele mais do que nunca precisa dos conselhos da prudência e da experiência, se não quiser cair nas mil armadilhas que lhe vão ser preparadas. Se pretender muito cedo voar com suas próprias asas, não tardará em ser vítima de Espíritos mentirosos, que não se descuidarão de lhe explorar a presunção." (*LM* c. XVII it. 216).

Muitas pessoas crêem que os médiuns são infalíveis e que jamais cometem equívocos; mas o que é mais preocupante, é que muitos médiuns também pensam assim em relação a si mesmos e a seu desempenho mediúnico. Qual a melhor maneira de esclarecê-los?

"As reuniões de estudo são, além disso, de imensa utilidade para os médiuns de manifestações inteligentes, para aqueles, sobretudo, que seriamente desejam aperfeiçoar-se e que a elas não comparecerem dominados por tola presunção de infalibilidade. Constituem um dos grandes tropeços da mediunidade, como já tivemos ocasião de dizer, a obsessão e a fascinação. Eles, pois, podem iludir-se de muito boa-fé, com relação ao mérito do que alcançam e facilmente se concebe que os Espíritos enganadores têm caminho aberto, quando apenas lidam com um cego. Por essa razão é que afastam o seu médium de toda fiscalização; que chegam mesmo, se for preciso, a fazê-lo tomar aversão a quem quer que o possa esclarecer. Graças ao insulamento e à fascinação, conseguem sem dificuldade levá-lo a aceitar tudo o que eles queiram." (*LM* c. XXIX it. 329).

Numa reunião mediúnica, a presença de um médium obsidiado poderia comprometer o trabalho?

"Insistimos nesse ponto, porque, assim como esse é um escolho para os médiuns, também o é para as reuniões, nas quais importa não se confie levianamente em todos os intérpretes dos Espíritos. O concurso de qualquer médium obsidiado, ou fascinado, lhes seria mais nocivo do que útil; não devem elas, pois, aceitá-lo." (*LM* c. XXIX it. 329).

O senhor menciona que entre as imperfeições morais é o orgulho aquela que é mais explorada pelos maus Espíritos, quando se trata de desviar o médium dos compromissos assumidos. Quais seriam as características do médium orgulhoso?

"O orgulho, nos médiuns, traduz-se por sinais inequívocos, a cujo respeito tanto mais necessário é se insista, quanto constitui uma das causas mais fortes de suspeição, no tocante à veracidade de suas comunicações. Começa por uma confiança cega nessas mesmas comunicações e na infalibilidade do Espírito que lhas dá. Daí um certo desdém por tudo o que não venha deles: é que julgam ter o privilégio da verdade. O prestígio dos grandes nomes, com que se adornam os Espíritos tidos por seus protetores, os deslumbra e, como neles o amor-próprio sofreria, se houvessem de confessar que são ludibriados, repelem todo e qualquer conselho; evitam-nos mesmo, afastando-se de seus amigos e de quem quer que lhes possa abrir os olhos. [...] Por favorecerem a esse insulamento a que os arrastam os Espíritos que não querem contraditores, esses mesmos Espíritos se comprazem em lhes conservar as ilusões, para o que os fazem considerar coisas sublimes as mais polpudas absurdidades. Assim, confiança absoluta na superioridade do que obtém, desprezo pelo que deles não venha, irrefletida importância dada aos grandes nomes, recusa de todo conselho, suspeição sobre qualquer crítica, afastamento dos que podem emitir opiniões desinteressadas, crédito em suas aptidões, apesar de inexperientes: tais as características dos médiuns orgulhosos." (*LM* c. XX it. 228).

E quanto àqueles que estão em torno do médium e que fazem parte de sua equipe, digamos assim, teriam também algo a ver com essa situação?

"Devemos também convir em que, muitas vezes, o orgulho é despertado no médium pelos que o cercam. Se ele tem faculdades um pouco transcendentes, é procurado e gabado e entra a julgar-se indispensável. Logo toma ares de importância e desdém, quando presta a alguém o seu concurso. Mais de uma vez tivemos motivos de deplorar elogios que dispensamos a alguns médiuns, com intuito de os animar." (*LM* c. XX it. 228).

Sr. Allan Kardec, já que estamos falando sobre médiuns que se deixam fascinar, levados pelo orgulho, o senhor poderia falar um pouco sobre os médiuns bons?

"A par disto, ponhamos em evidência o quadro do médium verdadeiramente bom, daquele em que se pode confiar. Supor-lhe-emos, antes de tudo, uma grandíssima facilidade de execução, que permita se comuniquem livremente os Espíritos, sem encontrarem qualquer obstáculo material. Isto posto, o que mais importa considerar é de que natureza são os Espíritos que habitualmente o assistem, para o que não nos devemos ater aos nomes, porém, à linguagem. Jamais deverá ele perder de vista que a simpatia, que lhe dispensam os bons Espíritos, estará na razão direta de seus esforços por afastar os maus. Persuadido de que a sua faculdade é um dom que só lhe foi outorgado para o bem, de nenhum modo procura prevalecer-se dela, nem apresentá-la como demonstração de mérito seu. Aceita as boas comunicações, que lhe são transmitidas, como uma graça, de que lhe cumpre tornar-se cada vez mais digno, pela sua bondade, pela sua benevolência e pela sua modéstia." (*LM* c. XX it. 229).

Missão dos Espíritos

Sabemos que, no Plano Espiritual, os Espíritos jamais estão inativos; em que consistem suas ocupações?

"Os Espíritos encarnados têm ocupações inerentes às suas existências corpóreas. No estado de erraticidade, ou de desmaterialização, tais ocupações são adequadas ao grau de adiantamento deles.

Uns percorrem os mundos, se instruem e preparam nova encarnação.

Outros, mais adiantados, se ocupam com o progresso, dirigindo os acontecimentos e sugerindo ideias que lhe sejam propícias. Assistem os homens de gênio que concorrem para o adiantamento da Humanidade.

Outros encarnam com determinada missão de progresso.

Outros tomam sob sua tutela os indivíduos, as famílias, as reuniões, as cidades e os povos, dos quais se constituem os anjos guardiães, os gênios protetores e os Espíritos familiares.

Outros, finalmente, presidem aos fenômenos da Natureza, de que se fazem agentes diretos.

Os Espíritos vulgares se imiscuem em nossas ocupações e diversões.

Os impuros ou imperfeitos aguardam, em sofrimentos e angústias, o momento em que praza a Deus proporcionar-lhes meios de se adiantarem. Se praticam o mal, é pelo despeito de ainda não poderem gozar do bem." (*LE* q. 584a).

Morte

*Q*uais *as causas do temor da morte? É possível às pessoas vencer esse medo?*

"Para libertar-se do temor da morte é mister poder encará-la sob o seu verdadeiro ponto de vista, isto é, ter penetrado pelo pensamento no mundo espiritual, fazendo dele uma ideia tão exata quanto possível, o que denota da parte do Espírito encarnado tal ou qual desenvolvimento e aptidão para desprender-se da matéria. No Espírito atrasado a vida material prevalece sobre a espiritual. Apegando-se às aparências, o homem não distingue a vida além do corpo, esteja embora na alma a vida real; aniquilado aquele, tudo se lhe afigura perdido, desesperador. Se, ao contrário, concentrarmos o pensamento, não no corpo, mas na alma, fonte da vida, ser real a tudo sobrevivente, lastimaremos menos a perda do corpo, antes fonte de misérias e dores. Para isso, porém, necessita o Espírito de uma força só adquirível na madureza. O temor da morte decorre, portanto, da noção insuficiente da vida futura, embora denote também a necessidade de viver e o receio da destruição total; igualmente o estimula secreto anseio pela sobrevivência da alma, velado ainda pela incerteza. Esse temor decresce, à proporção que a certeza aumenta, e desaparece quando esta é completa." (*CI* c. II – 1ª pt.).

Quando da morte do corpo, como se processa a separação do Espírito?

"Durante a vida, o Espírito se acha preso ao corpo pelo seu envoltório semimaterial ou perispírito. A morte é a destruição do corpo somente, não a desse outro invólucro, que do corpo se separa quando cessa neste a vida orgânica. A observação demonstra que, no instante da morte, o desprendimento do perispírito não se completa subitamente; que ao contrário, se opera gradualmente e com uma lentidão muito variável conforme os indivíduos. Em uns é bastante rápida, podendo dizer-se que o momento da morte é mais ou menos o da libertação. Em outros, naqueles sobretudo cuja vida foi *toda material e sensual*, o desprendimento é muito menos rápido, durando algumas vezes, dias, semanas e até meses, que não implica existir, no corpo, a menor vitalidade, nem a possibilidade de volver à vida, mas uma simples afinidade com o Espírito, afinidade que guarda sempre proporção com a preponderância que, durante a vida, o Espírito deu à matéria." (*LE* q. 155).

Qual é a causa da perturbação que o Espírito sente logo após a morte do corpo?

"Por ocasião da morte, tudo, a princípio, é confuso. De algum tempo precisa a alma para entrar no conhecimento de si mesma. Ela se acha como que aturdida, no estado de uma pessoa que despertou de profundo sono e procura orientar-se sobre a sua situação. A lucidez das ideias e a memória do passado lhe voltam, à medida que se apaga a influência da matéria que ela acaba de abandonar, e à medida que se dissipa a espécie de névoa que lhe obscurece os pensamentos.

Muito variável é o tempo que dura a perturbação que se segue à morte. Pode ser de algumas horas, como também de muitos meses e até de muitos anos. Aqueles que, desde quando ainda viviam na Terra, se identificaram com o estado futuro que os aguardava, são os em quem menos longa ela é, porque esses compreendem imediatamente a posição em que se encontram." (*LE* q. 165).

No caso de acidentes, morte violenta ou suicídio, quais as primeiras impressões do Espírito?

"Nos casos de morte violenta, por suicídio, suplício, acidente, apoplexia, ferimentos, etc., o Espírito fica surpreendido, espantado e não acredita estar morto. Obstinadamente sustenta que não o está. No entanto, vê o seu próprio corpo, reconhece que esse corpo é seu, mas não compreende que se ache separado dele. Acerca-se das pessoas a quem estima, fala-lhes e não percebe por que elas não o ouvem. Semelhante ilusão se prolonga até ao completo desprendimento do perispírito. Só então o Espírito se reconhece como tal e compreende que não pertence mais ao número dos vivos." (*LE* q. 165).

Diante de todos os esclarecimentos da Doutrina Espírita, especialmente quanto a estes relativos à morte, será que existem espíritas que a temem?

"A Doutrina Espírita transforma completamente a perspectiva do futuro. A vida futura deixa de ser uma hipótese para ser realidade. O estado das almas depois da morte não é mais um sistema, porém o resultado da observação. Ergueu-se o véu; o mundo espiritual aparece-nos na plenitude de sua realidade prática; não foram os homens que o descobriram pelo esforço de uma concepção engenhosa, são os próprios habitantes desse mundo que nos vêm descrever a sua situação; aí os vemos em todos os graus da escala espiritual, em todas as fases da felicidade e da desgraça, assistindo, enfim, a todas as peripécias da vida de além-túmulo. Eis aí por que os espíritas encaram a morte calmamente e se revestem de serenidade nos seus últimos momentos sobre a Terra." (*CI* c. II 1ª pt.).

Obsessão

*T*endo-se em vista a verdadeira crise moral e espiritual em que a quase totalidade da Humanidade está mergulhada, os Benfeitores Espirituais têm-nos alertado que a obsessão está grassando de maneira epidêmica; o que o senhor pensa a respeito?

"Os Espíritos maus pululam em torno da Terra, em virtude da inferioridade moral dos seus habitantes. A ação malfazeja que eles desenvolvem faz parte dos flagelos com que a Humanidade se vê a braços neste mundo. A obsessão, como as enfermidades e todas as tribulações da vida, deve ser considerada prova ou expiação e como tal aceita." (*ESE* c. XXVIII it. 81).

Por que o ser humano é tão vulnerável aos assédios dos maus Espíritos? E o que fazer para curar ou evitar isto?

"Do mesmo modo que as doenças resultam das imperfeições físicas, que tornam o corpo acessível às perniciosas influências exteriores, a obsessão é sempre resultado de uma imperfeição moral, que dá acesso a um Espírito mau. A causas físicas se opõem forças físicas; a uma causa moral, tem-se de opor uma força moral. Para preservá-lo das enfermidades, fortifica-se o corpo; para isentá-lo da obsessão, é preciso fortificar a alma, pelo que necessário se torna que o obsidiado trabalhe pela sua própria melhoria, o que as mais das vezes basta para o livrar do obsessor, sem recorrer a terceiros." (*ESE* c. XXVIII it. 81)

Como o senhor define a obsessão?

"A obsessão é a ação persistente que um Espírito mau exerce sobre um indivíduo. Apresenta caracteres muito diversos, desde a simples influência moral, sem perceptíveis sinais exteriores, até a perturbação completa do organismo e das faculdades mentais. Oblitera todas as faculdades mediúnicas; traduz-se, na mediunidade escrevente, pela obstinação de um Espírito em se manifestar, com exclusão de todos os outros." (*ESE* cap. XXVIII it. 81).

Certos transtornos mentais, catalogados modernamente pela Medicina, não poderiam ser resultantes de processos obsessivos graves?

"A obsessão muito prolongada pode ocasionar desordens patológicas e reclama, por vezes, tratamento simultâneo ou consecutivo, quer magnético,

quer médico, para restabelecer a saúde do organismo. Destruída a causa, resta combater os efeitos."
(*ESE* c. XXVIII it. 84).

Como é do seu conhecimento, na atualidade são realizados trabalhos de desobsessão, visando a cura dos processos obsessivos. Algumas pessoas, ligadas a estes trabalhos, opinam que se deveria adotar argumentos mais severos com os obsessores; o que o senhor pensa a respeito?

"A cura das obsessões graves requer muita paciência, perseverança e devotamento. Exige também tato e habilidade, a fim de encaminhar para o bem Espíritos muitas vezes perversos, endurecidos e astuciosos, porquanto há os rebeldes ao extremo. Na maioria dos casos, temos de nos guiar pelas circunstâncias. Qualquer que seja, porém, o caráter do Espírito, nada se obtém, é isto um fato incontestável, pelo constrangimento ou pela ameaça. Toda influência reside no ascendente moral."
(*ESE* c. XXVIII it. 84).

Teriam eficácia ou ajudariam certos rituais, palavras cabalísticas, exorcismos, defumadores, como é a crença da maioria?

"Outra verdade igualmente comprovada pela experiência, tanto quanto pela lógica, é a completa ineficácia dos *exorcismos, fórmulas, palavras sacramentais, amuletos, talismãs, práticas exteriores, ou quaisquer sinais materiais.*" (*ESE* c. XXVIII it. 84).

Seria possível sabermos o que favorece a aproximação dos Espíritos malévolos e obsessores?

"Ressalta do que fica dito um ensinamento de grande alcance: que as imperfeições morais dão azo à ação dos Espíritos obsessores e que o mais seguro meio de a pessoa se livrar deles é atrair os bons pela prática do bem. Sem dúvida, os bons Espíritos têm mais poder do que os maus, e a vontade deles basta para afastar estes últimos; eles, porém, só assistem os que os secundam pelos esforços que fazem por melhorar-se, sem o que se afastam e deixam o campo livre aos maus, que se tornam assim, em certos casos, instrumentos de punição, visto que os bons permitem que ajam para esse fim." (*LM* c. XXIII it. 252).

Penas futuras

Um dos questionamentos mais comuns entre as criaturas é a respeito do que irão encontrar após a morte do corpo, se haverá mesmo um castigo ou prêmio relativos às faltas ou acertos que tenham cometido. O que o Espiritismo esclarece quanto a isto?

"A Doutrina Espírita, no que respeita às penas futuras, não se baseia numa teoria preconcebida; não é um sistema substituindo outro sistema: em tudo ela se apoia nas observações, e são estas que lhe dão plena autoridade. Ninguém jamais imaginou que as almas, depois da morte, se encontrariam em tais ou quais condições; são elas, essas mesmas almas, partidas da Terra, que nos vêm hoje iniciar nos mistérios da vida futura, descrever-nos sua situação feliz ou desgraçada, as impressões, a transformação pela morte do corpo, completando, em uma palavra, os ensinamentos do Cristo sobre este ponto.

Preciso é afirmar que se não trata neste caso das revelações de um só Espírito, o qual poderia ver as coisas do seu ponto de vista, sob um só aspecto, ainda dominado por terrenos prejuízos. Tampouco se trata de uma revelação feita exclusivamente a um indivíduo que pudesse deixar-se levar pelas aparências, ou de uma *visão extática* suscetível de ilusões, e não passando muitas vezes de reflexo de uma imaginação exaltada.

Trata-se, sim, de inúmeros exemplos fornecidos por Espíritos de todas as categorias, desde os mais elevados aos mais inferiores da escala, por intermédio de outros tantos auxiliares (médiuns) disseminados pelo mundo, de sorte que a revelação deixa de ser um privilégio de alguém, pois todos podem prová-la, observando-a, sem obrigar-se à crença pela crença de outrem." (*CI* c. VII 1ª pte).

Podemos inferir, então, a partir das revelações dos Espíritos, que existe uma lei quanto às penas futuras e, como é óbvio, abrange todos os seres humanos. Pergunto: O que pode o Espírito esperar ao chegar ao mundo espiritual? Alcançará a felicidade?

"A alma ou Espírito sofre na vida espiritual as consequências de todas as imperfeições que não conseguiu corrigir na vida corporal. O seu estado feliz ou desgraçado, é inerente ao seu grau de pureza ou impureza." (*CI* c. VII 1ª pte. It. 1).

De que depende a completa felicidade?

"A completa felicidade prende-se à perfeição, isto é, à purificação completa do Espírito. Toda imperfeição é, por sua vez, causa de sofrimento e de privação de gozo, do mesmo modo que toda perfeição adquirida é fonte de gozo e atenuante de sofrimentos." (idem it. 2).

Quais as condições necessárias para se anular uma falta cometida na existência terrena?

"O arrependimento, conquanto seja o primeiro passo para a regeneração, não basta por si só; são precisas a *expiação* e a *reparação*.

"*Arrependimento, expiação e reparação* constituem, portanto, as três condições necessárias para apagar os traços de uma falta e suas consequências. O arrependimento suaviza os travos da expiação, abrindo pela esperança o caminho da reabilitação; só a reparação, contudo, pode anular o efeito destruindo-lhe a causa. Do contrário, o perdão seria uma graça, não uma anulação." (idem It. 16).

O senhor denominou estes princípios de código penal da vida futura e dele constam 33 itens; como o senhor os resumiria?

"Em que pese à diversidade de gêneros e graus de sofrimentos dos Espíritos imperfeitos, o código penal da vida futura pode resumir-se nestes três princípios:
1º) O sofrimento é inerente à imperfeição.
2º) Toda imperfeição, assim como toda falta dela promanada, traz consigo o próprio castigo nas consequências naturais e inevitáveis: assim, a moléstia pune os excessos e da ociosidade nasce o tédio, sem

que haja mister de uma condenação especial para cada falta ou indivíduo.

3º) Podendo todo homem libertar-se das imperfeições por efeito da vontade, pode igualmente anular os males consecutivos e assegurar a futura felicidade.

A cada um segundo as suas obras, no Céu como na Terra: – tal é a Lei da Justiça Divina." (idem It. 33).

Perda de entes queridos

Diante da perda de um ente querido a pessoa se desespera e chega a se revoltar contra Deus. Como consolar um coração assim tão sofrido?

"A possibilidade de nos pormos em comunicação com os Espíritos é uma dulcíssima consolação, pois que nos proporciona meio de conversarmos com os nossos parentes e amigos, que deixaram antes de nós a Terra. [...] Cessa assim, por bem dizer, toda a separação entre eles e nós. Auxiliam-nos com seus conselhos, testemunham-nos o afeto que nos guardam e a alegria que experimentam por nos lembrarmos deles. Para nós, grande satisfação é sabê-los ditosos, informar-nos, *por seu intermédio*, dos pormenores da nova existência, a que passaram e adquirir a certeza de que um dia nos iremos a eles juntar." (*LE* q. 935).

Esta certeza é realmente confortadora, especialmente porque não é só uma bonita teoria... não é verdade?

"Pelas provas patentes que ministra, da vida futura, da presença, em torno de nós daqueles a quem amamos, da continuidade da afeição e solicitude que nos dispensavam; pelas relações que nos faculta manter com eles, a Doutrina Espírita nos oferece suprema consolação, por ocasião de uma das mais legítimas dores. Com o Espiritismo, não mais solidão, não mais abandono: o homem, por muito insulado que esteja, tem sempre perto de si amigos com quem pode comunicar-se." (LE q. 936).

Perdão das ofensas

Há dois mil anos Jesus recomendou o perdão aos inimigos e, hoje em dia, a Psicologia e a Medicina reconhecem os benefícios do perdão. Entretanto, o que se observa é que as pessoas têm muita dificuldade em perdoar, não é verdade?

"Ai daquele que diz: nunca perdoarei. Esse, se não for condenado pelos homens, se-lo-á por Deus. Com que direito reclamaria ele o perdão de suas próprias faltas, se não perdoa as dos outros? Jesus nos ensina que a misericórdia não deve ter limites, quando diz que cada um perdoe ao seu irmão, não sete vezes, mas setenta vezes sete vezes." (*ESE* c. X it. 4).

Como deve ser o perdão?

"Há, porém, duas maneiras diferentes de perdoar: uma, grande, nobre, verdadeiramente generosa, sem pensamento oculto, que evita, com delicadeza, ferir o amor-próprio e a suscetibilidade do adversário, ainda quando este último nenhuma justificativa possa ter; a segunda é a em que o ofendido, ou aquele que tal se julga, impõe ao outro condições humilhantes e lhe faz sentir o peso de um perdão que irrita, em vez de acalmar; se estende a mão ao ofensor, não o faz com benevolência, mas com ostentação, a fim de poder dizer a toda gente: vede como sou generoso! Nessas circunstâncias, é impossível uma reconciliação sincera de parte a parte. Não, não há aí generosidade; há apenas uma forma de satisfação ao orgulho. Em toda contenda, aquele que se mostra mais conciliador, que demonstra mais desinteresse, caridade e verdadeira grandeza d'alma granjeará sempre a simpatia das pessoas imparciais." (*ESE* c. X it. 4).

Perispírito

O que é o perispírito?

"Envolvendo o gérmen de um fruto há o perisperma; do mesmo modo, uma substância que, por comparação, se pode chamar *perispírito*, serve de envoltório ao Espírito propriamente dito." (*LE* q. 93).

Em suas pesquisas, o que o senhor concluiu quanto aos componentes que constituem o homem encarnado?

"Numerosas observações e fatos irrecusáveis, [...] levaram à consequência de que há no homem três componentes: 1º) a alma ou Espírito, princípio inteligente, onde tem a sua sede o senso moral; 2º) o corpo, invólucro grosseiro, material, de que ele se revestiu temporariamente, em cumprimento de certos desígnios providenciais; 3º) o perispírito, envoltório fluídico, semimaterial, que serve de ligação entre a alma e o corpo. [...] Esse segundo invólucro da alma, ou *perispírito*, existe, pois, durante a vida corpórea; é o intermediário de todas as sensações que o Espírito percebe e pelo qual transmite sua vontade ao exterior e atua sobre os órgãos do corpo. Para nos servirmos de uma comparação material, diremos que é o fio elétrico condutor, que serve para a recepção e a transmissão do pensamento [...]" (*LM*, 2ª parte, c. I it. 54).

Mas, quanto ao Espírito desencarnado, ele também se apresenta com esse envoltório ou o perde quando da morte do corpo?

"Hão dito que o Espírito é uma chama, uma centelha. Isto se deve entender com relação ao Espírito propriamente dito, como princípio intelectual e moral, a que se não poderia atribuir forma determinada. Mas, qualquer que seja o grau em que se encontre, o Espírito está sempre revestido de um envoltório ou perispírito, cuja natureza se eteriza, à medida que ele se depura e eleva na hierarquia espiritual. De sorte que, para nós, a ideia de forma é inseparável da de Espírito e não concebemos uma sem a outra. O perispírito faz, portanto, parte integrante do Espírito, como o corpo o faz do homem. Porém, o perispírito, só por só, não é o Espírito, do mesmo modo que só o corpo não constitui o homem, porquanto o perispírito não pensa. Ele é para o Espírito o que o corpo é para o homem: o agente ou instrumento de sua ação. [...] Mas a matéria sutil do perispírito não possui a tenacidade, nem a rigidez da matéria compacta do corpo; é, se assim nos podemos exprimir, flexível e expansível, donde resulta que a forma que toma, conquanto decalcada na do corpo, não é absoluta, amolga-se à vontade do Espírito, que lhe pode dar a aparência que entenda, ao passo que o invólucro sólido lhe oferece invencível resistência." (*LM*, 2ª parte, c. I its. 55 e 56).

Em O livro dos espíritos, *na questão 94, foi esclarecido que o Espírito tira o seu envoltório perispirítico do fluido universal de cada mundo; isto significa que há uma variação de sua densidade decorrente do patamar evolutivo de cada um desses mundos. Seria correto dizer, então, que a densidade do perispírito de todas as criaturas que habitam um mesmo planeta é idêntica?*

"Parece que também varia, em um mesmo mundo, de indivíduo para indivíduo. Nos Espíritos *moralmente adiantados* é mais sutil e se aproxima da dos Espíritos elevados; nos Espíritos inferiores, ao contrário, aproxima-se da matéria e é o que faz que os Espíritos de baixa condição conservem por muito tempo as ilusões da vida terrestre. Esses pensam e obram como se ainda fossem vivos; experimentam os mesmos desejos e quase que se poderia dizer a mesma sensualidade." (*LM* c. IV it. 74; nota à questão XII).

Progresso

Há sinais indicativos de progresso na Humanidade como um todo?

"O homem não pode conservar-se indefinidamente na ignorância, porque tem de atingir a finalidade que a Providência lhe assinou. Ele se instrui pela força das coisas. As revoluções morais, como as revoluções sociais, se infiltram nas ideias pouco a pouco; germinam durante séculos; depois, irrompem subitamente e produzem o desmoronamento do caruncoso edifício do passado, que deixou de estar em harmonia com as necessidades novas e com as novas aspirações. Nessas comoções, o homem quase nunca percebe senão a desordem e a confusão momentâneas que o ferem nos seus interesses materiais. Aquele, porém, que eleva o pensamento acima da sua própria personalidade, admira os desígnios da Providência, que do mal faz sair o bem. São a procela, a tempestade que saneiam a atmosfera, depois de a terem agitado violentamente." (*LE* q. 783).

Como se apresenta a marcha do progresso?

"A Humanidade progride, por meio dos indivíduos que pouco a pouco se melhoram e instruem. Quando estes preponderam pelo número, tomam a dianteira e arrastam os outros. De tempos a tempos, surgem no seio dela homens de gênio que lhe dão impulso; vêm depois, como instrumentos de Deus, os que têm autoridade e, nalguns anos, fazem-na adiantar-se de muitos séculos." (*LE* q. 789).

Como progresso entendemos apenas o progresso de ordem intelectual?

"Há duas espécies de progresso, que uma a outra se prestam mútuo apoio, mas que, no entanto, não marcham lado a lado: o progresso intelectual e o progresso moral. Entre os povos civilizados, o primeiro tem recebido, no correr deste século, todos os incentivos. Por isso mesmo atingiu um grau a que ainda não chegara antes da época atual. Muito falta para que o segundo se ache no mesmo nível." (*LE* q. 785).

No momento atual é flagrante o avanço intelectual da Humanidade, porém, faltando-lhe progredir moralmente, sofremos as consequências disso, como se constata na falta de ética, nas várias faces da violência, no desamor, e em muitos outros aspectos negativos que estão presentes no dia a dia das criaturas. Como o senhor define o verdadeiro progresso?

"O progresso geral é a resultante de todos os progressos individuais; mas o progresso individual não consiste apenas no desenvolvimento da inteligência, na aquisição de alguns conhecimentos. Nisso mais não há do que uma parte do progresso, que não conduz necessariamente ao bem, pois que há homens que usam mal do seu saber. O progresso consiste, sobretudo, no melhoramento moral, na depuração do Espírito, na extirpação dos maus germens que em nós existem. Esse o verdadeiro progresso, o único que pode garantir a felicidade ao gênero humano, por ser o oposto mesmo do mal. Muito mal pode fazer o homem de inteligência mais cultivada; aquele que se houver adiantado moralmente só o bem fará. É, pois, do interesse de todos o progresso moral da Humanidade." (*OP* p. 385 – 2ª pte).

De acordo com o Espiritismo, pode-se dizer que uma nação civilizada é sinônimo de nação de Primeiro Mundo?

"De duas nações que tenham chegado ao ápice da escala social, somente pode considerar-se a mais civilizada, na legítima acepção do termo, aquela onde exista menos egoísmo, menos cobiça e menos orgulho; onde os hábitos sejam mais intelectuais e morais do que materiais; onde a inteligência se puder desenvolver com mais liberdade; onde haja mais bondade, boa-fé, benevolência e generosidade recíprocas; onde menos enraizados se mostrem os preconceitos de casta e de nascimento, por isso que tais preconceitos são incompatíveis com o verdadeiro amor do próximo; onde as leis nenhum privilégio consagrem e sejam as mesmas, assim para o último, como para o primeiro; onde com menos parcialidade se exerça a justiça; onde o fraco encontre sempre amparo contra o forte; onde a vida do homem, suas crenças e opiniões sejam melhormente respeitadas; onde exista menos número de desgraçados; enfim, onde todo homem de boa vontade esteja certo de lhe não faltar o necessário." (*LE* q. 793).

Os princípios espíritas chegarão a ser assimilados pelos homens a ponto de acelerar o progresso?

"As ideias só com o tempo se transformam; nunca de súbito. De geração em geração, elas se enfraquecem e acabam por desaparecer, paulatinamente, com os que as professavam, os quais vêm a ser substituídos por outros indivíduos imbuídos de novos princípios, como sucede com as ideias políticas. Vede o paganismo. Não há hoje mais quem professe as ideias religiosas dos tempos pagãos. Todavia, muitos séculos após o advento do Cristianismo, delas ainda restavam vestígios, que somente a completa renovação das raças conseguiu apagar. Assim será com o Espiritismo. Ele progride muito; mas, durante duas ou três gerações, ainda haverá um fermento de incredulidade, que unicamente o tempo aniquilará. Sua marcha, porém, será mais célere que a do Cristianismo, porque o próprio Cristianismo é quem lhe abre o caminho e serve de apoio. O Cristianismo tinha que destruir; o Espiritismo só tem que edificar." (*LE* q. 798).

Provas e expiações

Como se explica que o ser humano tenha que passar por tantas provas e aflições? Qual a razão disso?

"Os sofrimentos devidos a causas anteriores à existência presente, como os que se originam de culpas atuais, são muitas vezes a consequência da falta cometida, isto é, o homem, pela ação de uma rigorosa justiça distributiva, sofre o que fez sofrer aos outros. Se foi duro e desumano, poderá ser a seu turno tratado duramente e com desumanidade; se foi orgulhoso, poderá nascer em humilhante condição; se foi avaro, egoísta, ou, se fez mau uso de suas riquezas, poderá ver-se privado do necessário; se foi mau filho, poderá sofrer pelo procedimento dos filhos, etc.
Assim se explicam pela pluralidade das existências e pela destinação da Terra, como mundo expiatório, as anomalias que apresenta a distribuição da ventura e da desventura entre os bons e os maus neste planeta. Semelhante anomalia, contudo, só existe na aparência, porque considerada tão só do

ponto de vista da vida presente. Aquele que se elevar, pelo pensamento, de maneira a apreender toda uma série de existências, verá que a cada um é atribuída a parte que lhe compete, sem prejuízo da que lhe tocará no mundo dos Espíritos, e verá que a justiça de Deus nunca se interrompe." (*ESE* c. V it. 7).

As dificuldades e sofrimentos que a vida física apresenta, e que constituem as provas e expiações, são sempre resultado de ações prejudiciais, de faltas?

"Não há crer, no entanto, que todo sofrimento suportado no mundo denote a existência de uma determinada falta. Muitas vezes são simples provas buscadas pelo Espírito para concluir a sua depuração e ativar o seu progresso. Assim, a expiação serve sempre de prova, mas nem sempre a prova é uma expiação. Provas e expiações, todavia, são sempre sinais de relativa inferioridade, porquanto o que é perfeito não precisa ser provado." (*ESE* c. V it. 9)

Reencarnação

A reencarnação é um castigo ou uma evidência da justiça divina?

"A doutrina da reencarnação, isto é, a que consiste em admitir para o Espírito muitas existências sucessivas, é a única que corresponde à ideia que formamos da justiça de Deus para com os homens que se acham em condição moral inferior; a única que pode explicar o futuro e firmar as nossas esperanças, pois que nos oferece os meios de resgatarmos os nossos erros por novas provações. A razão no-la indica e os Espíritos a ensinam." (*LE* q. 171).

Neste caso, a reencarnação não é um castigo, mas um instrumento de progresso para o Espírito?

"Se as almas se fossem todos os dias, para não mais voltarem, a Humanidade se renovaria incessantemente com os elementos primitivos, tendo de fazer tudo, de aprender tudo. Não haveria, nesse caso, razão para que o homem se achasse mais adiantado do que nas primeiras idades do mundo, uma vez que a cada nascimento todo o trabalho intelectual teria de recomeçar. Ao contrário, voltando com o progresso que já realizou e adquirindo de cada vez alguma coisa a mais, a alma passa gradualmente da barbárie *à civilização material* e desta *à civilização moral*." (*ESE* c. XXV it. 2).

Jesus falou sobre a reencarnação?

"A pluralidade das existências, cujo princípio o Cristo estabeleceu no Evangelho, sem todavia defini-lo como a muitos outros, é uma das mais importantes leis reveladas pelo Espiritismo, pois que lhe demonstra a realidade e a necessidade para o progresso. Com esta lei, o homem explica todas as aparentes anomalias da vida humana; as diferenças da posição social; as mortes prematuras que, sem a reencarnação, tornariam inúteis à alma as existências breves; a desigualdade de aptidões intelectuais e morais, pela ancianidade do Espírito que mais ou menos aprendeu e progrediu, e traz, nascendo, o que adquiriu em suas existências anteriores." (*G* c. 1 it. 34).

A conscientização de que o ser humano é um Espírito reencarnado, trazendo um acervo pretérito e caminhando para o futuro, do qual ele é o artífice, em que mudaria a visão de mundo das pessoas?

"Com a reencarnação, desaparecem os preconceitos de raças e de castas, pois o mesmo Espírito pode tornar a nascer rico ou pobre, capitalista ou proletário, chefe ou subordinado, livre ou escravo, homem ou mulher. De todos os argumentos invocados contra a injustiça da servidão e da escravidão, contra a sujeição da mulher à lei do mais forte, nenhum há que prime, em lógica, ao fato material da reencarnação. Se, pois, a reencarnação funda numa lei da Natureza o princípio da fraternidade universal, também funda na mesma lei o da igualdade dos direitos sociais e, por conseguinte, o da liberdade." (*G* c. I it. 36).

Quando morre uma criança pequenina, o seu Espírito estaria isento de nova existência, já que nunca errou na sua curta passagem terrena?

"Se uma única existência tivesse o homem e se, extinguindo-se-lhe ela, sua sorte ficasse decidida para a eternidade, qual seria o mérito de metade do gênero humano, da que morre na infância, para gozar, sem esforços, da felicidade eterna e com que direito se acharia isenta das condições, às vezes tão duras, a que se vê submetida a outra metade? Semelhante ordem de coisas não corresponderia à justiça de Deus. Com a reencarnação, a igualdade é real para todos. O futuro a todos toca sem exceção e sem favor para quem quer que seja. Os retardatários só de si mesmos se podem queixar. Forçoso é que o homem tenha o merecimento

de seus atos, como tem deles a responsabilidade."
(*LE* q. 199 – a).

Não são poucos os que alegam que a Igreja não admite a reencarnação e que essa ideia subverteria a religião. O que dizer a estes?

"Basta-nos o havermos demonstrado que aquela doutrina (a da reencarnação) é eminentemente moral e racional. Ora, o que é moral e racional não pode estar em oposição a uma religião que proclama ser Deus a bondade e a razão por excelência. Que teria sido da religião, se, contra a opinião universal e o testemunho da ciência, se houvesse obstinadamente recusado a render-se à evidência e expulsado de seu seio todos os que não acreditassem no movimento do Sol ou nos seis dias da criação? Que crédito houvera merecido e que autoridade teria tido, entre povos cultos, uma religião fundada em erros manifestos e que os impusesse como artigos de fé? Logo que a evidência se patenteou, a Igreja, criteriosamente, se colocou do lado da evidência. Uma vez provado que certas coisas existentes seriam impossíveis sem a reencarnação, que, a não ser por esse meio, não se consegue explicar alguns pontos do dogma, cumpre admiti-lo e reconhecer meramente aparente o antagonismo entre esta doutrina e a dogmática."
(*LE* q. 222).

Deduz-se então não haver aí nada contrário à religião...

"Em suma, como quer que opinemos acerca da reencarnação, quer a aceitemos, quer não, isso não constituirá motivo para que deixemos de sofrê-la, desde que ela exista, malgrado todas as crenças em contrário. O essencial está em que o ensino dos Espíritos é eminentemente cristão; apoia-se na imortalidade da alma, nas penas e recompensas futuras, na justiça de Deus, no livre-arbítrio do homem, na moral do Cristo. Logo, não é antirreligioso. [...] O melhor título, que a nosso ver, recomenda a ideia da reencarnação é o de ser, antes de tudo, lógica." (*LE* q. 222).

Reuniões mediúnicas

Como o senhor define a reunião mediúnica?

"Uma reunião é um ser coletivo, cujas qualidades e propriedades são a resultante das de seus membros e formam como que um feixe. Ora, este feixe tanto mais força terá, quanto mais homogêneo for." (*LM* c. XXIX it. 331).

Sabemos que as pessoas têm dificuldade na disciplina mental; sendo assim, como alcançar essa homogeneidade de pensamentos?

"Desde que o Espírito é de certo modo atingido pelo pensamento, como nós somos pela voz, vinte pessoas, unindo-se com a mesma intenção, terão necessariamente mais força do que uma só; mas, a fim de que todos esses pensamentos concorram para o mesmo fim, preciso é que vibrem em uníssono; que se confundam, por assim dizer, em um só, o que não pode dar-se sem a concentração." (*LM* c. XXIX it. 331).

Que tipo de Espíritos se aproximam de uma reunião mediúnica?

"Imagine-se que cada indivíduo está cercado de certo número de acólitos invisíveis, que se lhe identificam com o caráter, com os gostos e com os pendores. Assim sendo, todo aquele que entra numa reunião traz consigo Espíritos que lhe são simpáticos. Conforme o número e a natureza deles, podem esses acólitos exercer sobre a assembleia e sobre as comunicações influência boa ou má. Perfeita seria a reunião em que todos os assistentes, possuídos de igual amor ao bem, consigo só trouxessem bons Espíritos. Em falta de perfeição, a melhor será aquela em que o bem suplante o mal. Muito lógica é esta proposição para que precisemos insistir." (*LM* c. XXIX it. 330).

Sensações nos Espíritos

Ao regressar ao mundo espiritual o Espírito conserva as sensações das dores que sentia quando da enfermidade que o levou à morte? E aqueles que desencarnam de forma violenta?

"O corpo é o instrumento da dor. Se não é a causa primária desta é, pelo menos, a causa imediata. A alma tem a percepção da dor; essa percepção é o efeito. A lembrança que da dor a alma conserva pode ser muito penosa, mas não pode ter ação física. De fato, nem o frio, nem o calor são capazes de desorganizar os tecidos da alma, que não é suscetível de congelar-se, nem de queimar-se. Não vemos todos os dias a recordação ou a apreensão de um mal físico produzirem o efeito desse mal, como se real fora? Não as vemos até causar a morte? Toda gente sabe que aqueles a quem se amputou um membro costumam sentir dor no membro que lhe falta. Certo que aí não está a sede, ou, sequer, o ponto de partida da dor. O que há, apenas, é que o cérebro guardou desta a impressão. Lícito, portanto, será admitir-se que coisa análoga ocorra nos sofrimentos do Espírito após a morte." (*LE* q. 257).

Qual o papel do perispírito no que toca às sensações que o Espírito sente?

"O perispírito é o laço que à matéria do corpo prende o Espírito, que o tira do meio ambiente, do fluido universal. Participa ao mesmo tempo da eletricidade, do fluido magnético e, até certo ponto, da matéria inerte. Poder-se-ia dizer que é a quintessência da matéria. É o princípio da vida orgânica, porém não o da vida intelectual, que reside no Espírito. É, além disso, o agente das sensações exteriores. No corpo, os órgãos, servindo-lhe de condutos, localizam essas sensações. Destruído o corpo, elas se tornam gerais. [...] Não se confundam, porém, as sensações do perispírito, que se tornou independente, com as do corpo. Esta últimas só por termo de comparação as podemos tomar e não por analogia." (*LE* q. 257).

Os sofrimentos, a dor angustiam o ser humano; ora, saber que após a morte isto pode continuar, ainda que sejam impressões ou lembranças do que se sofreu no corpo físico, não é nada confortável. Qual deveria ser o procedimento daquele que está encarnado no sentido de evitar essas sensações, enfim, esses sofrimentos após a desencarnação?

"Ora, está nas suas mãos libertar-se de tal influência desde a vida atual. Ele tem o livre-arbítrio, tem, por conseguinte, a faculdade de escolher entre o fazer e o não fazer. Dome suas paixões animais; não alimente ódio, nem inveja, nem ciúme, nem orgulho; não se deixe dominar pelo egoísmo; purifique-se, nutrindo bons sentimentos; pratique o bem; não ligue às coisas deste mundo importância que não merecem; e, então, embora revestido do invólucro corporal, já estará depurado, já estará liberto do jugo da matéria e, quando deixar esse invólucro, não mais lhe sofrerá influência. Nenhuma recordação dolorosa lhe advirá dos sofrimentos físicos que haja padecido; nenhuma impressão desagradável eles lhe deixarão, porque apenas terão atingido o corpo e não a alma. Sentir-se-á feliz por se haver libertado deles e a paz da sua consciência o isentará de qualquer sofrimento moral." (*idem*).

Sociedades espíritas

Sabemos que há necessidade de mantermos um intercâmbio entre as várias Casas Espíritas, com vistas não apenas à confraternização – que é importante – mas também a uma troca de experiências, de conhecimentos e vivência no fazer espírita. O que o senhor recomenda?

"Esses grupos, correspondendo-se entre si, visitando-se, permutando observações, podem, desde já, formar o núcleo da grande família espírita, que um dia consorciará todas as opiniões e unirá os homens por um único sentimento: o da fraternidade, trazendo o cunho da caridade cristã." (*LM* c. XXIX it. 334).

Devemos nos preocupar em constituirmos Centros Espíritas de maior porte para atendermos à demanda das grandes cidades? Aumentar cada vez mais o público nos núcleos espíritas deve ser o nosso objetivo?

"Já vimos de quanta importância é a uniformidade de sentimentos, para a obtenção de bons resultados. Necessariamente, tanto mais difícil é obter-se essa uniformidade, quanto maior for o número. Nos agregados pouco numerosos, todos se conhecem melhor e há mais segurança quanto à eficácia dos elementos que para eles entram. O silêncio e o recolhimento são mais fáceis e tudo se passa como em família. As grandes assembleias excluem a intimidade, pela variedade dos elementos de que se compõem; exigem sedes especiais, recursos pecuniários e um aparelho administrativo desnecessário nos pequenos grupos. A divergência dos caracteres, das ideias, das opiniões, aí se desenha melhor e oferece aos Espíritos perturbadores mais facilidade para semearem a discórdia. Quanto mais numerosa é a reunião, tanto mais difícil é conterem-se todos os presentes." (*LM* c. XXIX it. 335).

Suicídio

O que leva uma pessoa a desistir de viver? O que a leva ao suicídio?

"Postos de lado os que se dão em estado de embriaguez e de loucura, aos quais se pode chamar de inconscientes, é incontestável que tem ele sempre por causa um descontentamento, quaisquer que sejam os motivos particulares que se lhe apontem. Ora, aquele que está certo de que só é desventurado por um dia e que melhores serão os dias que hão de vir, enche-se facilmente de paciência. Só se desespera quando nenhum termo divisa para os seus sofrimentos. E que é a vida humana, com relação à eternidade, senão bem menos que um dia?
Concebe-se o suicídio quando a vida é *sem esperança*; procura-se então fugir-lhe a qualquer preço. Com o Espiritismo, ao contrário, a esperança fortalece-se porque o futuro se nos desdobra. O suicídio deixa de ser objetivo, uma vez reconhecido que apenas se isenta a gente do mal para arrostar com um mal cem vezes pior. Eis por que o Espiritismo

tem sequestrado muita gente a uma morte voluntária. Grandemente culpados são os que se esforçam por acreditar, com *sofismas científicos e a pretexto de uma falsa razão*, nessa ideia desesperadora, fonte de tantos crimes e males, de que tudo acaba com a vida. Esses serão responsáveis não só pelos próprios erros, como igualmente por todos os males a que os mesmos derem causa." (*ESE* c. V it. 15 – *CI* 2ª pte, c. V p. 313)

Na morte natural os laços perispiríticos que unem o Espírito ao corpo se desatam gradualmente, em maior ou menor espaço de tempo. O mesmo ocorre pelo suicídio?

"Há, primeiro, a persistência mais prolongada e tenaz do laço que une o Espírito ao corpo, por estar quase sempre esse laço na plenitude da sua força no momento em que é partido, ao passo que, no caso de morte natural, ele se enfraquece gradualmente e, muitas vezes se desfaz antes que a vida se haja extinguido completamente. As consequências deste estado de coisas são o prolongamento da perturbação espiritual, seguindo-se à ilusão em que, durante mais ou menos tempo, o Espírito se conserva de que ainda pertence ao número dos vivos.

A afinidade que permanece entre o Espírito e o corpo produz, nalguns suicidas, uma espécie de repercussão do estado do corpo no Espírito, que, assim, a seu mau grado, sente os efeitos da decomposição, donde lhe resulta uma sensação cheia de angústias e de horror, estado esse que também pode durar pelo tempo que devia durar a vida que sofreu interrupção." (*LE* q. 957).

Como é do seu conhecimento, existem, hoje em dia, médicos que "ajudam" as pessoas que queiram pôr termo à vida e que, por motivo de doença ou outro qualquer, não conseguem realizar o suicídio. Um desses médicos, inclusive, é denominado de "Dr. Morte", exatamente por ter essa especialização que, segundo ele, provoca a morte sem dor. Também se tem notícia de um escritor que publicou um manual para "instruir" qual a "melhor" maneira de se suicidar. O que dizer diante desses absurdos?

"A incredulidade, a simples dúvida sobre o futuro, as ideias materialistas, numa palavra, são as maiores incitantes ao suicídio; ocasionam a *covardia moral*. Quando homens de ciência, apoiados na autoridade do seu saber, se esforçam por provar aos que os ouvem ou leem que estes nada têm a esperar depois da morte, não estão de fato levando-os a deduzir que, se são desgraçados, coisa melhor não lhes resta senão se matarem? Que lhes poderiam dizer para desviá-los dessa consequência? Que compensação lhes podem oferecer? Que esperança lhes podem dar? Nenhuma, a não ser o nada. Daí se deve concluir que, se o nada é o único remédio heroico, a única perspectiva, mais vale buscá-lo imediatamente e não mais tarde, para sofrer por menos tempo.

A propagação das doutrinas materialistas é, pois, o veneno que inocula a ideia do suicídio na maioria dos que se suicidam, e os que se constituem apóstolos de semelhantes doutrinas assumem tremenda responsabilidade. Com o Espiritismo, tornada impossível a dúvida, muda o aspecto da vida. O crente sabe que a existência se prolonga indefinidamente para lá do túmulo, mas em condições muito diversas; donde a paciência e a resignação que o afastam muito naturalmente de pensar no suicídio; donde, em suma, a *coragem moral.*" (*ESE* c. V it. 16).

Superpopulação

A população da Terra aumenta de maneira a preocupar os governantes, os sociólogos, os ambientalistas, os cientistas e todos os que se interessam pelos problemas da sobrevivência do ser humano, em dar-lhe uma melhor qualidade de vida e, ao mesmo tempo, preservar as reservas naturais do planeta. Com a superpopulação os problemas da fome e da miséria aumentarão?

"A Terra produzirá o suficiente para alimentar a todos os seus habitantes, quando os homens souberem administrar, segundo as Leis de Justiça, de Caridade e de Amor ao próximo, os bens que ela dá. Quando a fraternidade reinar entre os povos, como entre as províncias de um mesmo império, o momentâneo supérfluo de um suprirá a momentânea insuficiência do outro; e cada um terá o necessário. O rico, então, considerar-se-á como um que possui grande quantidade de sementes; se as espalhar, elas produzirão pelo cêntuplo para si e para os outros; se entretanto comer sozinho as sementes, se as desperdiçar e deixar se perca o excedente do que haja comido, nada produzirão e ele delas nada tirará para os outros. Se as amontoar no seu celeiro, os vermes as devorarão. Daí o haver Jesus dito: 'Não acumuleis tesouros na Terra, pois que são perecíveis; acumulai-os no céu, onde são eternos.' Em outros termos: não ligueis aos bens materiais mais importância do que aos espirituais e sabei sacrificar os primeiros aos segundos." (*ESE* c. XXV it. 8).

Os que vivem em condições de extrema miséria alcançarão melhores condições de vida?

"Se é certo que a Civilização multiplica as necessidades, também o é que multiplica as fontes de trabalho e os meios de viver. Forçoso, porém, é convir em que, a tal respeito, muito ainda lhe resta por fazer. Quando ela houver concluído a sua obra, ninguém deverá haver que possa queixar-se de lhe faltar o necessário, a não ser por sua própria culpa. A desgraça, para muitos, provém de enveredarem por uma senda diversa de que a Natureza lhes traça. É então que lhes falece a inteligência para o bom êxito. Para todos há lugar ao Sol, mas com a condição de que cada um ocupe o seu e não o dos outros. A Natureza não pode ser responsável pelos defeitos da organização social, nem pelas consequências da ambição e do amor-próprio." (*LE* q. 707).

Superstições

De maneira geral, as pessoas temem feitiços, mau-olhado, trabalho feito, maldições, etc. Qual o melhor meio de vencer estas superstições?

"O Espiritismo e o magnetismo nos dão a chave de uma imensidade de fenômenos sobre os quais a ignorância teceu um sem-número de fábulas, em que os fatos se apresentam exagerados pela imaginação. O conhecimento lúcido dessas duas ciências que, a bem dizer, formam uma única, mostrando a realidade das coisas e suas verdadeiras causas, constitui o melhor preservativo contra as ideias supersticiosas, porque revela o que é possível e o que é impossível, o que está nas Leis da Natureza e o que não passa de ridícula crendice." (*LE* q. 555).

Teia cósmica

A Física Quântica veio provar, entre outras coisas, que existe no Universo uma interação que interliga todas as galáxias, todos os mundos, todos os seres, formando uma fantástica "teia cósmica" na qual todos estamos inseridos a influenciar-nos mutuamente. O que o Espiritismo tem a dizer a respeito?

"O Espiritismo dilata o pensamento e lhe rasga horizontes novos. Em vez dessa visão, acanhada e mesquinha, que o concentra na vida atual, que faz do instante em que vivemos na Terra único e frágil eixo do porvir eterno, ele, o Espiritismo, mostra que essa vida não passa de um elo no harmonioso e magnífico conjunto da obra do Criador. Mostra a solidariedade que conjuga todas as existências de um mesmo ser, todos os seres de um mesmo mundo e os seres de todos os mundos. Faculta assim uma base e uma razão de ser à fraternidade universal, enquanto a doutrina da criação da alma por ocasião do nascimento de cada corpo torna estranhos uns aos outros todos os seres. Essa solidarie-dade entre as partes de um mesmo todo explica o que inexplicável se apresenta, desde que se considere apenas um ponto. Esse conjunto, ao tempo do Cristo, os homens não o teriam podido compreender, motivo porque ele o reservou para outro tempo o fazê-lo conhecido." (*ESE* c. II it. 7)

Apraz-nos verificar o quanto o Espiritismo está à frente do tempo. O senhor teria algo mais a acrescentar sobre este importante tema?

"Concluamos fazendo uma última consideração. Alguns astrônomos, sondando o espaço, encontraram na distribuição dos corpos celestes, lacunas não justificadas e em desacordo com as leis do conjunto. Suspeitaram que essas lacunas deviam estar preenchidas por globos que lhes tinham escapado à observação. Do outro lado, observaram certos efeitos cuja causa lhes era desconhecida e disseram: Deve haver ali um mundo, porquanto esta lacuna não pode existir e estes efeitos hão de ter uma causa. Julgando então da causa pelo efeito, conseguiram calcular-lhe os elementos e mais tarde os fatos lhes vieram confirmar as previsões. Apliquemos este raciocínio a outra ordem de ideias. Se se observa a série dos seres, descobre-se que eles formam uma cadeia sem solução de continuidade, desde a matéria bruta até o homem mais inteligente. Porém, entre o homem e Deus, alfa e ômega de todas as coisas, que imensa lacuna! Será racional pensar-se que no homem terminam os anéis dessa cadeia e que ele transponha sem transição a distância que o separa do infinito? A razão nos diz que entre o homem e Deus outros elos necessariamente haverá, como disse aos astrônomos que, entre os mundos conhecidos, outros haveria, desconhecidos. Que filosofia já preencheu essa lacuna? O Espiritismo no-la mostra preenchida pelos seres de todas as ordens do mundo invisível e estes seres não são mais do que os Espíritos dos homens, nos diferentes graus que levam à perfeição. Tudo então se liga, tudo se encadeia, desde o alfa até o ômega. Vós, que negais a existência dos Espíritos, preenchei o vácuo que eles ocupam. E vós, que rides deles, ousai rir das obras de Deus e da sua onipotência!" (*LE* Introdução it. XVII).

Trajetória do Espírito

Como o senhor descreveria a trajetória do Espírito desde a sua individualização?

"A vida do Espírito, em seu conjunto, apresenta as mesmas fases que observamos na vida corporal. Ele passa gradualmente do estado de embrião ao de infância, para chegar, percorrendo sucessivos períodos, ao de adulto, que é o da perfeição, com a diferença de que para o Espírito não há declínio, nem decrepitude, como na vida corporal; que a sua vida, que teve começo, não terá fim; que imenso tempo lhe é necessário, do nosso ponto de vista, para passar da infância espírita ao completo desenvolvimento; e que o seu progresso se realiza, não num único mundo, mas vivendo ele em mundos diversos. A vida do Espírito, pois, se compõe de uma série de existências corpóreas, cada uma das quais representa para ele uma ocasião de progredir, do mesmo modo que cada existência corporal se compõe de uma série de dias, em cada um dos quais o homem obtém um acréscimo de experiência e de instrução. Mas, assim como, na vida do homem, há dias que nenhum fruto produzem, na do Espírito há existências corporais de que ele nenhum resultado colhe, porque não as soube aproveitar." (*LE* q. 191 – a).

Em sua trajetória, pode acontecer ao Espírito que já havia alcançado certo estágio evolutivo, desviar-se do seu caminho e retroagir a fases anteriores mais primitivas?

"A marcha dos Espíritos é progressiva, jamais retrógrada. Eles se elevam gradualmente na hierarquia e não descem da categoria a que ascenderam. Em suas diferentes existências corporais, podem descer como homens, não como Espíritos. Assim, a alma de um potentado da Terra pode mais tarde animar o mais humilde obreiro e vice-versa, por isso que, entre os homens, as categorias estão, frequentemente, na razão inversa da elevação das qualidades morais. Herodes era rei e Jesus, carpinteiro." (*LE* q. 194 – a).

Verdadeiros espíritas

Sendo muito importante termos um parâmetro quanto aos espíritas sinceros, quais seriam aqueles que podem ser apontados como bons espíritas, ou seja, os verdadeiros?

"Aquele que pode ser, com razão, qualificado de espírita verdadeiro e sincero, se acha em grau superior de adiantamento moral. O Espírito, que nele domina de modo mais completo a matéria, dá-lhe uma percepção mais clara do futuro; os princípios da Doutrina lhe fazem vibrar fibras que nos outros se conservam inertes. Em suma: *é tocado no coração,* pelo que inabalável se lhe torna a fé. Um é qual músico que alguns acordes bastam para comover, ao passo que outro apenas ouve sons. Reconhece-se o verdadeiro espírita pela sua transformação moral e pelos esforços que emprega para domar suas inclinações más." (*ESE* c. XVII it. 4).

Isto nos faz lembrar o que disse o Mestre, – "a quem muito foi dado muito será pedido"; será assim?

"Aos espíritas, pois, muito será pedido, porque muito hão recebido; mas, também, aos que houverem aproveitado muito será dado. O primeiro cuidado de todo espírita sincero deve ser o de procurar saber se, nos conselhos que os Espíritos dão, alguma coisa não há que lhe diga respeito. O Espiritismo vem multiplicar o número dos *chamados*. Pela fé que faculta, multiplicará também o número dos *escolhidos*." (*ESE* c. XVIII it. 12).

Na conduta diária, como deve agir o espírita?

"O verdadeiro espírita jamais deixará de fazer o bem. Lenir corações aflitos; consolar, acalmar desesperos, operar reformas morais, essa a sua missão. É nisso também que encontrará satisfação real." (*LM* c. III it. 30).

Visão holística

*E*xiste uma expressão popular, muitas vezes usada como desculpa perante certos erros que as pessoas cometem, segundo a qual "a carne é fraca". Pergunto-lhe: a carne é fraca?

"*A carne só é fraca porque o Espírito é fraco*, o que inverte a questão deixando àquele a responsabilidade de todos os seus atos. A carne, destituída de pensamento e vontade, não pode prevalecer jamais sobre o Espírito, que é o ser pensante e de vontade própria. O Espírito é quem dá à carne as qualidades correspondentes ao seu instinto, tal como o artista que imprime à obra material o cunho do seu gênio." (*CI* c. VII – 1ª pte).

Uma pessoa que apresenta disfunções no fígado torna-se, em consequência disto, colérica? Ou é ao contrário: porque se encoleriza, por pouca coisa, a todo instante, acaba por sofrer do fígado?

"Seguindo esta ordem de ideias, compreende-se que um Espírito irascível deve encaminhar-se para estimular um temperamento bilioso, do que resulta não ser um homem colérico por bilioso, mas bilioso por colérico. O mesmo se dá em relação a todas as outras disposições instintivas: um Espírito indolente e fraco deixará o organismo em estado de atonia relativo ao seu caráter, ao passo que ativo e enérgico, dará ao sangue como aos nervos qualidades perfeitamente opostas. A ação do Espírito sobre o físico é tão evidente que não raro vemos desordens orgânicas sobrevirem a violentas comoções morais." (*CI* c. VII – 1ª pte).

De tudo isto deduz-se que...

"O Espírito é deste modo, o artista do próprio corpo, por ele talhado, por assim dizer, à feição das suas necessidades e à manifestação das suas tendências. Desta forma a perfeição corporal das raças adiantadas deixa de ser produto de criações distintas para ser o resultado do trabalho espiritual, que aperfeiçoa o invólucro material à medida que as faculdades aumentam." (*CI* c. VII – 1ª pte).

Vivência espírita de Allan Kardec

*P*ode-se perceber que o senhor não procurou ajuda de pessoas ricas e influentes da sociedade e, mesmo entre aquelas que naturalmente se aproximaram da Doutrina, não há indícios que o tenha feito. O senhor poderia esclarecer-nos quanto às razões desse procedimento?

"Dependeria apenas de mim abrir as portas da alta sociedade, porém jamais fui nelas bater. Isto me tornaria um tempo que creio poder empregar mais utilmente. Coloco em primeira linha o consolo a ser dado aos que sofrem, levantar a coragem dos abatidos, arrancar o homem de suas paixões, do desespero, do suicídio e, quem sabe? detê-lo no despenhadeiro do crime. Isto não vale mais que os lambris doirados?" (*VE* 1862 – p. 36).

É importante ressaltar aqui a sua conduta perante as dificuldades e perseguições promovidas por pessoas que se tornaram inimigas, perante as calúnias e tudo o mais. Como o senhor se colocava diante disso?

"No estado atual das coisas deste mundo, qual o homem que não tem inimigos? Para não os ter, fora preciso não estar na Terra, pois é a consequência da inferioridade relativa de nosso globo e de sua destinação como mundo de expiação. Para isto bastaria fazer o bem? Oh, não! Aí está o Cristo para prová-lo. Se, pois, o Cristo, a bondade por excelência, foi alvo de tudo quanto a maldade pôde imaginar, devemos nos admirar de que suceda o mesmo em relação àqueles que valem cem vezes menos?" (*VE* 1862 – p. 24)

Em meio àqueles que o cercavam, várias eram, por certo, as opiniões divergentes, o que dificultava o desenvolvimento de suas atividades. Como o senhor analisava a conduta desses? Qual era o seu procedimento diante de tais situações?

"Como vedes, senhores, as pedras não faltam em meu caminho; passo sobre elas, e das maiores. Se conhecêssemos a verdadeira causa de certas antipatias e de certos afastamentos, haveríamos de nos surpreender com muitas coisas. Seria preciso juntar a elas as pessoas que se colocam, relativamente a mim, em posições falsas, ridículas ou comprometedoras e que procuram justificar-se, sub-repticiamente, por meio de pequenas calúnias; os que esperavam atrair-me pela lisonja, crendo poder levar-me a servir aos seus desígnios e que reconheceram a inutilidade de suas manobras; os que não adulei, nem incensei, e que desejariam que eu o fizesse; enfim, aqueles que não me perdoam, porque *adivinhei* as suas intenções, e que são como serpentes sobre a qual se pisa. Se, por um instante, toda essa gente quisesse se colocar numa posição extraterrena e ver as coisas um pouco mais do alto, compreenderia a puerilidade daquilo que a preocupa e não se espantaria com a pouca importância que todo verdadeiro espírita atribui a elas. É que o Espiritismo abre horizontes tão vastos que a vida corporal, tão curta e efêmera, se apaga com todas as suas vaidades e pequenas intrigas, ante o infinito da vida espiritual." (*VE* págs. 34 e 35).

Muitos são os ensinamentos edificantes que as suas respostas nos proporcionaram e que ficam para sempre como exemplos preciosos para nossa conduta espírita. Seria possível, ao encerrarmos, que o senhor endereçasse a todos os espíritas uma mensagem final?

"Espíritas! sois os pioneiros dessa grande obra. Tornai-vos dignos da gloriosa missão, cujos primeiros frutos já recolheis. Pregai por palavras, mas, sobretudo, pregai por exemplos; procedei de modo que, em se vos vendo, não possam dizer que as máximas que ensinais são palavras vãs em vossos lábios. A exemplo dos apóstolos, fazei milagres, porquanto Deus vos concedeu esse dom; não milagres para ferir os sentidos, mas milagres de caridade e de amor. Sede bons para com vossos irmãos; sede bons para com todos; sede bons para com vossos inimigos! Como os apóstolos, expulsai os demônios, pois, para isso, tendes o poder, e eles pululam em redor de vós: os demônios do orgulho, da ambição, da inveja, do ciúme, de cupidez, da sensualidade, que insuflam todas as paixões más e semeiam entre vós o pomo da discórdia. Expulsai-os de vossos corações, a fim de que tenhais a força necessária para expulsá-los dos corações alheios. Fazei esses milagres: Deus vos abençoará e as gerações futuras vos bendirão, como as de hoje abençoaram os primeiros cristãos, muitos dos quais revivem entre vós para assistir e concorrer para o coroamento da obra do Cristo. Fazei esses milagres e vossos nomes serão inscritos gloriosamente nos anais do Espiritismo [...]." (*VE* págs. 62 e 63).

Palavras finais

Senhor Allan Kardec, nossa emoção e sentimento falam mais do que quaisquer palavras. Assim, só temos que agradecer pela sua missão tão magistralmente cumprida a qual ensejou à Humanidade a Terceira Revelação, consubstanciada no Espiritismo. Hoje todos nós nos felicitamos com a sua obra, que secundou, com excelência, os ensinos dos Espíritos da Falange do Espírito Verdade. Resta-nos, como espíritas sinceros, manter a fidelidade e o respeito a esse admirável legado de luz que o Mestre prodigalizou à Terra. O senhor foi escolhido por Jesus para que o Consolador se tornasse realidade, cumprindo assim a promessa que Ele fizera há dois mil anos. Nossa homenagem é singela diante da magnitude da sua realização, que sempre esteve em perfeita sintonia com o próprio Cristo!

Ao finalizar a nossa entrevista, tenho certeza, senhor Allan Kardec, que estou expressando o sentimento de todos os espíritas, ao endereçar ao seu coração amoroso e excelso o preito da nossa gratidão e do nosso amor.

Bibliografia[1]

KARDEC, Allan. *O livro dos espíritos* (LE). Trad. Guillon Ribeiro. 52. ed. Rio de Janeiro: FEB, 1981.

_____. *O livro dos médiuns* (LM). Trad. Guillon Ribeiro. 42. ed. Rio de Janeiro: FEB, 1980.

_____. *O evangelho segundo o espiritismo* (ESE). Trad. Guillon Ribeiro. 82. ed. Rio de Janeiro: FEB,1981.

_____. *O céu e o inferno* (CI). Trad. Guillon Ribeiro. 28. ed. Rio de Janeiro: FEB, 1982.

_____. *A gênese* (G). Trad. Guillon Ribeiro. 41. ed. Rio de Janeiro: FEB, 2002.

_____. *O que é o espiritismo* (QEE). Trad. Guillon Ribeiro. 18. ed. Rio de Janeiro: FEB, 1977.

_____. *Obras póstumas* (OP). Trad. Guillon Ribeiro. 27. ed. Rio de Janeiro: FEB, 1995.

---

[1] Os livros da Codificação consultados são os editados pela Federação Espírita Brasileira – FEB. Todos os destaques dos textos são de Kardec; nós apenas formulamos as perguntas, não havendo portanto, nenhuma interferência de nossa parte.

_____. *Voyage spirite*. Édition de l'U. S. K. 34, rue le Campinaire Farciennes – Belgique (VE). Tradução Evandro Noleto Bezerra, do original em francês.

KARDEC, Allan. *Revista Espírita* (RE). Tradução Evandro Noleto Bezerra, do original em francês.

Conselho Editorial:
Jorge Godinho Barreto Nery – Presidente
Geraldo Campetti Sobrinho – Coord. Editorial
Cirne Ferreira de Araújo
Evandro Noleto Bezerra
Maria de Lourdes Pereira de Oliveira
Marta Antunes de Oliveira de Moura
Miriam Lúcia Herrera Masotti Dusi

Produção Editorial:
Rosiane Dias Rodrigues

Revisão:
Elizabete de Jesus Moreira
Geraldo Campetti Sobrinho

Capa:
Thiago Pereira Campos

Projeto Gráfico:
Fátima Agra

Diagramação:
Rones José Silvano de Lima – www.bookebooks.com.br

Foto de Capa:
https://www.istockphoto.com | ilbusca
Acervo FEB

Normalização Técnica:
Biblioteca de Obras Raras e Documentos Patrimoniais do Livro

Esta edição foi impressa pela Lis Gráfica e Editora Ltda., Bonsucesso, SP, com tiragem de 2 mil exemplares, todos em formato fechado de 140x210 mm e com mancha de 95,003x174,502 mm. Os papéis utilizados foram o Lux Cream 70 g/m² para o miolo e o Cartão 250 g/m² para a capa. O texto principal foi composto em fonte Adobe Garamond 13/16 e os títulos em Adobe Garamond 18/16. Impresso no Brasil. *Presita en Brazilo.*